THÈSE

POUR LA LICENCE,

soutenue

Par PAUL CHALVET.

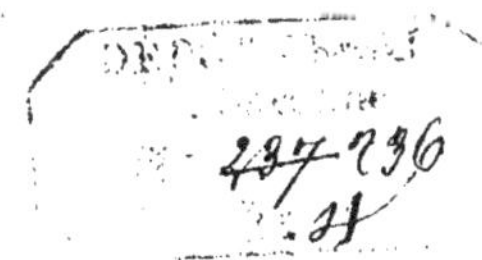

THÈSE

POUR LA LICENCE,

SOUTENUE

Par PAUL CHALVET,

Né à Paris.

TOULOUSE,

IMPRIMERIE DE JEAN-MATTHIEU DOULADOURE,

Rue Saint-Rome, 41.

1854.

JUS ROMANUM.

DE ACTIONIBUS STRICTI JURIS, BONÆ FIDEI ET ARBITRARII.

Ex duodecim Tabularum lege, omnes obligationes actionesque stricti juris erant.

Quæ linguâ nuncupata erant, præstari debebant (1). Putant tamen interpretes quamdam actionem legis, ferè ignotam, *per judicis postulationem* nomine dictam, aliquid arbitrium judici tribuisse. — *Præclarum à majoribus accepimus morem rogandi judicis si ea rogaremus quæ, salvâ fide, facere possit*, inquit Cicero (2).

Rarò, apud veteres, illâ actione utebatur. — Strictum jus regula. — Et cùm formulæ antiquis legis actionibus successêre, in principio asperæ etiam rigidæque fuerunt. — Judicem designatum formula includebat (3). Judex non ampliùs agere poterat quàm exprimebat formula; angustè strictèque tenebatur.

Tantâ asperitate, fraus sese insinuare. — Et fraus reprobanda erat. — Quam reprimere tentârunt prudentes, et rem actu perfecerunt, in quarumdam formularum *intentione* hæc verba : *Ex fide bonâ*, aut, *ut inter bonos agier oportet*, introducendo (4).

---

(1) Cicer. *de Officiis*, III, 17.
(2) Cicer. *de Officiis*, III, 10.
(3) Senec. *de Benef.* III, 7; *de Clement.* II, 7.
(4) Cicer. *Topic.* 17.

Ex hoc duo genera actionum : Actiones quædam bonæ fidei sunt, quædam stricti juris (1).

§ I. DE ACTIONIBUS BONÆ FIDEI ET STRICTI JURIS.

In bonæ fidei judiciis, judici libera potestas permittitur æstimandi inter litigatores, quid alterum alteri ex bonâ fide, præstari oportet (2). Ex illâ liberâ potestate est quod eadem judicia arbitria appellentur, et judex in his designatus arbiter.

A naturâ et conditione ipsorum contractuum, ut observat Vinnius, oriuntur actiones bonæ fidei. — In quibusdam enim contractibus æquum omninò videtur, laxiorem judici potestatem tribui ; præsertìm in illis contractibus mutuæ præstationis, in quibus uterque et obligatur et obligat ; in his non tam quid linguâ nuncupatum est, spectari oportet, quàm quid æqui bonique ratio utrinquè postulet. Contraria bona fides est dolo aut fraudi (3). Itaquè judex, sæpiùs arbiter dictus, ex æquo et bono jus dicere debet. — Arbitri libera et nullis adstricta vinculis religio, et detrahere aliquid potest et adjicere, sententiamque suam prout humanitas et misericordia impulerit, regere. Liberum arbitrium habet, non sub formulâ, sed ex æquo et bono judicat, et absolvere ei licet, et quanti vult taxare litem.

I. Bonæ fidei judiciorum propria sunt maximè hæc :

1º Inutilis est cautio de dolo, atque etiam exceptio doli mali. — Nam officio judicis exceptiones continentur (4). In se continet doli mali exceptionem, bonæ fidei judicium, aiebat Julianus.

Quasdam tamen exceptiones inserere in formulâ utile est, sicuti excep-

---

(1) En Droit français, cette distinction n'existe pas. — Toutes nos actions sont de bonne foi. — L'art. 1134 porte : « *Toutes conventions doivent être exécutées de bonne foi.* » Cependant l'art. 1514 serait le seul exemple peut-être d'une action analogue à ces anciennes actions romaines de droit strict. — Cet article porte : « *La femme qui renonce à la communauté peut reprendre son apport, mais elle ne peut reprendre rien au delà des choses formellement exprimées.* »

(2) Instit. liv. iv, tit. 6, § 30.

(3) Ulp., fr. 3, § 5, *pro Socio.*

(4) Ulp., ff 30, *de Legatis.*

tiones *rei judicatœ, litis residuœ, cognitoriœ, procuratoriœ, quod facere possit,* quia non ex fide bonâ, sed alio eventu nascuntur.

2º Ea quæ sunt moris et consuetudinis contractûs, in bonæ fidei judiciis venire debent (1).

3º Contractuum bonæ fidei debitor non liberabitur, rem deterioratam præstans, sed adhuc integra adversùs eum vetus actio manebit.

4º Usuræ à morâ debentur. — Usuræ enim fructuum vicem obtinent, ait Ulpianus. Mora fieri intelligitur, si interpellatus debitor opportuno loco non solverit, quod apud judicem examinabitur (2). Si minor actor est, ex solo tempore, tardæ pretii solutionis, recepto jure, moram fieri creditum est (3).

5º In bonæ fidei judiciis, solâ æquitate judicii, à judice compensatio olim admittebatur, et in stricti juris judiciis nccessc crat, non exceptione, sed actione propriâ quid ab actore debitum erat petere. — Usquè ad divi Marci rescriptum, ex quo in strictis judiciis compensandi admissa est potestas, tantùm doli mali oppositâ exceptione. — Sed Justinianus latiùs jus compensationis introduxit; atque ipso jure admisit, si modò liquida sit causa, ex quâ compensatio objicitur.

Nunc bonæ fidei actiones præcipuas inspiciamus.

Terminatam enumerationem Justinianus præbuisse videtur, nam, ut observat Vinnius, non ait: *Bonœ fidei sunt veluti;* sed dicit : *Bonœ fidei sunto hœ.*

Ex hoc concludimus, præter has bonæ fidei actiones enumeratas, nullas esse; cæterasque, si arbitrariæ non sint, inter stricti juris actiones numerari.

Sunt bonæ fidei actionum quinque genera.

1º Actiones quæ ex nudi consensûs contractibus oriuntur, veluti locato, conducto, empto et vendito, pro socio, mandati.

---

(1) ff *de Ædilitio edicto,* 51, § 20, Ulp. *Voir l'art.* 1155 *de notre Code, qui semble avoir copié cette loi.*

(2) *De Usuris,* L. 52.

(5) Cod. Dioclet. et Max. 5. *In quibus causis in integrum.*

2º Actiones quæ ad divisionem tendunt, tantùm unâ exceptâ : familiæ erciscundæ, communi dividundo actiones, bonæ fidei sunt. Finium regundorum actio est stricti juris vel potiùs arbitraria. Cur hæc prætermissio, in bonæ fidei judiciorum enumeratione? Quia causam bonæ fidei judicii finium regundorum actio non continet, inquit Vinnius. Nam actor solus sibi rem gerit et videtur hanc actionem ex delicto aut quasi ex delicto nasci, dùm duo alteræ actiones divisoriæ ex negotio communi gesto oriuntur.

3º Duæ actiones præscriptis verbis : scilicet quæ de æstimato, et quæ ex permutatione nascitur.

Cur igitur duas tantùm actiones præscriptis verbis placuit esse bonæ fidei? Nos hoc docet Ulpianus (1).

Actio de æstimato proponitur tollendæ dubitationis gratiâ. Fuit enim dubitatum, cùm res æstimata datur vendenda, utrùm ex vendito sit actio propter æstimationem, an ex locato quasi rem vendendam locasse videor, an ex conducto quasi operas conduxissem, an mandati. Meliùs itaque visum est hanc actionem proponi. Est enim negotium civile gestum, et quidem bonâ fide. Quarè omnia et hìc locum habent, quæ in bonæ fidei judiciis diximus.

4º Actiones bonæ fidei, in personam sunt, unâ tantùm exceptâ, id est, *Hæreditatis petitio* quæ ad rem tendit. Ait enim Justinianus :

Quamvis usquè adhuc incertum erat, sive inter bonæ fidei judicia connumeranda sit hæreditatis petitio, sive non, nostra tamen constitutio apertè eam esse bonæ fidei disposuit (2).

Nos docet Vinnius, nonnullos veterum eam actionem inter bonæ fidei judicia numerandam esse censuisse; proptereà quòd in judicio petitionis hæreditatis, res ad negotiorum gestorum naturam proximè accedit. Constat enim possessori hæreditatis, rerum hæreditariarum administrationem, committi, undè fit ut, licèt petitio hæreditatis sit in rem, multas tamen personales præstationes contineat, ut putà eorum quæ à debitoribus exacta sunt, item pretiorum rerum venditarum, item eorum quæ possessor creditoribus solvit, vel in hæreditate impendit.

---

(1) L. 1, *de Æstim. ædil.* L. 1, *de Contrah. empt.*
(2) Cod. 12, § 5, *de Hæred. petit.* Instit., § 28, *de Actionibus.*

Justinianus controversiis veterum finem constituit ; et hæreditatis petitioni actionis bonæ fidei propria tribuit. Hoc saltem nullo modo difficile, nam disceptationis antiquæ causa abfuerat, formularum regulis sublatis.

5° Tandem jure Justinianeo est bonæ fidei actio ex stipulatu. Supplevit enim actioni rei uxoriæ sublatæ, actio ex stipulatu, quia, inquit Justinianus, illa plenior erat. Et quoniam actio rei uxoriæ inter bonæ fidei judicia numerabatur, quæ illi substituta est, fieri ex bonâ fide debebat.

II. Omnia hæc sunt bonæ fidei judicia. — Stricti juris actiones ab illis longè distant.

In actionibus stricti juris, sic formula concepta erat : *Si paret Mœvium Sempronio centum ex mutuo debere, tum Mœvius damnetur.* Judex, si Mævius ex mutuo debet, expendit et condemnat, aut absolvit.

Non dolum aut fraudem, proprio et solo motu judex ponderat, et oportet in formulâ sive exceptionem doli mali, sive cautionem de dolo, ex quâ reus dolum malum abesse abfuturumque esse promittit, inserere. Usuræ non à morâ currunt, sed tantùm à litis-contestatione (1).

In his actionibus, ait Cicero, non quærit æquum et bonum judex. — Aliud est judicium, aliud arbitrium (1). Ad judicium hoc modo veniunt, ut totam litem aut obtineant, aut amittant. Ejus reipsa verba formula testimonio sunt. Quid est in judicio? asperum, directum, simplex. Quid est in arbitrio? mite, moderatum.

§ II. DE ACTIONIBUS ARBITRARIIS.

Nunc de actionibus arbitrariis dicendum est. — Actiones in rem, quibus vindicatur dominium per regularum formulas intentari non poterant. Omnium enim formularum quæ condemnationem habent ad pecuniariam æstimationem condemnatio concepta erat. Si petamus aliquid, ait Gaius (2), vel ut fundum, mancipium, vestem, judex nunquàm condemnat, sed æstimatâ re, pecuniam condemnat. Remedium necesse erat. Sponsio primò introducta

---

(1) ff *de Rebus creditis,* 31, princip.

(1) Cicer. *pro Roscio,* c. 4.

(2) Gaius IV, 48.

fuit, posteà formula petitoria, quâ stipulatio *pro prœde et litis vindi-ciarum* interveniebat. Restituere promittebat reus, et absolvebatur si restitutionem efficiebat.

Ex sponsione et formulâ petitoriâ, antiquis agendi modis, oriri videtur actio arbitraria.

Quas actiones arbitrarias tertium genus planè sejunctum à superioribus constituere putamus, et arbitrariæ actiones, à bonæ fidei atque stricti juris actionibus longè distant.

Aliquæ tamen similitudines inter illas, et præsertìm inter bonæ fidei judicia et arbitraria exstare videntur.

Etenim : 1° Permittitur judici ex æquo et bono secundùm cujusque rei de quâ actum est naturam, æstimare quemadmodùm actori satisfieri oporteat (1). Idem apparet in bonæ fidei actionibus.

2° In actionibus arbitrariis sicut in bonæ fidei, jusjurandum admittitur, id est, is quantùm adversùs in litem sine ullà taxatione juraverit, damnandus est reus.

Sed magnum discrimen inter hæc duo genera existit.

1° In bonæ fidei judiciis, condemnatio pecuniaria semper est; in arbitrariis, rei petitæ restitutio jubetur.

2° Omnes bonæ fidei actiones, in personam sunt, dùm tàm in rem quàm in personam inter arbitrarias inveniuntur.

Quæ ideò sic appellantur arbitrariæ, quia earum hoc proprium est, quod in iis, antequàm ad sententiam ultimam procedatur, judex interloquitur reum restituere, aut aliquid facere jubens, quo jussu pendet actionis exitus, seu absolutio, seu condemnatio.

Cujus actionis formula hæc est : Luc. Octav. judex esto : *si paret fundum Capenatem de quo agitur, ex jure Quiritium, Auli Agerii esse, neque is fundus Aulo Agerio restituatur, quanti ea res erit, tantam pecuniam Numerum Negidium Aulo Agerio, condemna. Si non paret, absolve.* In posteriore igitur

____

(1) Inst. § 31, *de Actionibus.*

hoc genere duplex sententia intervenit : primò una interlocutoria, jussus de restituendo aut exhibendo ; altera condemnationem aut absolutionem continens, prout reus præcedente arbitrio paruerit, aut non. Si non paruerit reus, quia illi impossibile restituere aut exhibere est, condemnari in duplum aut quadruplum potest, et si restituere jussus non paret, si quidem rem habeat, manu militari, officio judicis, ab eo possessio transfertur et fructuum duntaxat omnisque causæ nomine condemnatio fit (1).

Præcipuas arbitrarias actiones recenseamus.

1° Primò duas in rem actiones enumerat Justinianus, scilicet in rem Publicianam et Servianam seu hypothecariam.

Sed non tantùm illæ actiones arbitrariæ sunt. In omnibus actionibus quæ ad rem pertinent, arbitrium judicis præcipuè de re restituendâ locum habet, et eâ non restitutâ, reus in juratam litis æstimationem condemnatur (2). Omnes æquitatem arbitrii et restitutiones admittunt ; omnes igitur arbitrarias esse censeo. Una tanta excludi debetur, id est petitio hæreditatis, quia Justinianus, expressè, in actiones bonæ fidei eam numeravit.

2° Deindè actiones personales : quod metùs causâ ; et actionem de dolo (3).

3° Actionem de eo quòd certo loco promissum est. Multùm hæc actio ab aliis actionibus arbitrariis differt. — In illâ, tota condemnatio ex arbitrio judicis pendet. — Pecunia promissa est in certo loco, et in alio datur. Judici permittitur arbitrariâ actione uti. In quâ venit æstimatio, quod alterutrius interfuerit suo loco potiùs quàm in eo, in quo petitur, solvi. — Judex augere ex æquo bono condemnationem poterit. — Cujus actionis formula hæc est : *Si paret Titium decem Capuæ dare oportere, neque in eo loco pecuniam suo tempore solvisse, judex arbitratu tuo condemna.* Naturâ hæc actio stricti juris est, sed arbitraria fit ex accidenti, quod alio loco intentatur, quàm in quo dare debebatur.

4° Deniquè inter actiones arbitrarias numeratur actio noxalis. Et quæ-

---

(1) Ulp. L. 68, *de Rei vindicatione.*

(2) L. 46, *de Rei vind.*; L. 5, L. 8, *de in Rem jurat.* L. jur. L. ult. *de Fides.*

(3) L. 18, *de Dolo.*

ritur an actiones noxales arbitrariæ sint ? — Ad quæstionem propositam respondeo. Hoc vocabulum non actionis nomen , sed qualitatis cujusdam , certis actionibus inhærentis significat. Actiones quæ in contextu recensentur, veluti quod metûs causâ et de dolo, sive contra aliquem , suo nomine , sive noxaliter intendantur, arbitrarias esse. — Furti verò actionem , legis Aquiliæ , injuriarum , vi bonorum raptorum , quamvis ex noxali causâ agatur, non esse (1).

5° Et cæteras similes adjicit Justinianus. — Inter arbitrarias igitur , actionem rerum amotarum , et actionem Favianam (2) enumerabo.

------

(1) Vinnius , Doneau , Duaren.
(2) L. 5, *Si quid in fraud. pat.*

DROIT FRANÇAIS.

CODE NAPOLÉON.

DU PARTAGE ET DES RAPPORTS,

ET DE LA COMPOSITION DU PATRIMOINE POUR DÉTERMINER LES RÉSERVES.

Le partage est le premier-né des contrats. C'est le premier acte d'appropriance que l'homme ait fait sur la terre (1). Il a pris naissance en même temps que la propriété dont il est le corrélatif; lui seul la complète en lui donnant le caractère exclusif qui la constitue.

Plusieurs personnes sont appelées conjointement à recueillir une succession. Toutes acquièrent des droits de même nature et de même puissance sur la totalité de cette succession, et sur chacun des objets qui la composent. Ce concours de droits égaux constitue l'état qu'on appelle *indivision*. Dans cet état de choses, tout acte de jouissance, de disposition des choses héréditaires, doit émaner du consentement de tous les héritiers. Or ce n'est que rarement que l'unanimité de vues et d'idées existe entre plusieurs personnes. L'indivision a été toujours regardée comme un état contraire à la mobilité et à la diversité des intérêts de l'homme, et comme une source de procès et de discordes. Aussi toutes les législations ont consacré ce principe qu'édicte chez nous l'article 815 : *Nul ne peut être contraint de rester dans l'indivision.*

---

(1) A filiis Noë divisæ sunt insulæ gentium in regionibus suis. — Genes., cap. x , ɤ. 5.

Le partage peut toujours être provoqué nonobstant toutes prohibitions et conventions contraires. Nulla in œternum coitio est, avait dit la loi Romaine (1).

Toutefois le législateur a prévu lui-même qu'il est diverses circonstances dans lesquelles un partage immédiat, loin d'être utile aux cohéritiers, peut être nuisible à leurs intérêts, et il a permis de stipuler la suspension du partage pendant cinq années (815, al. 2).

Mais jamais ce terme de cinq années ne pourra être dépassé. Que de motifs, en effet, peuvent surgir pour déterminer les héritiers à provoquer, après cinq années, un partage qu'ils avaient intérêt à différer ! Si néanmoins les héritiers voulaient, toute leur vie, rester dans une communauté de biens, ne le pourraient-ils donc pas ? La loi a prévu toutes les difficultés, car elle ajoute qu'on peut stipuler des renouvellements successifs de cinq ans en cinq ans.

Puisque l'indivision pendant cinq ans est permise, le testateur peut-il imposer à ses héritiers l'obligation de rester, pendant ce temps, indivis ? Je ne le crois pas ; l'article 815, qui défend la contrainte de l'indivision, nonobstant prohibition et convention contraire, me semble trop formel pour qu'on puisse y apporter aucun tempérament. Tout héritier peut donc exiger le partage. Mais pour partager ne faut-il pas tout d'abord composer la masse partageable ?

Or le père de famille peut avoir fait des avances à quelques-uns de ses enfants. Ne faut-il pas en tenir compte ? C'est au moyen du rapport.

Le père peut avoir fait au préjudice de ses enfants des dons considérables. Ces dons, ne faut-il pas les anéantir, ou du moins les restreindre, quand ils portent atteinte à la réserve ? C'est au moyen de la réduction. Commençons donc par étudier le rapport et la réduction avant de procéder au partage.

DES RAPPORTS.

Le rapport, c'est la réunion réelle ou fictive à la succession des biens donnés ou légués par l'auteur commun, directement ou indirectement, à ceux de ses successibles *ab intestat*, qui acceptent sa succession.

On conçoit l'idée qui a fait naître le rapport : c'est l'égalité entre cohé-

---

(1) ff Liv. 10, t. 3, L. 14, § 2, 3, 4. — Titre 2, L. 43, liv. 17 ; titre 2, L. 70.

ritiers qui est la base des partages. Cette égalité , le testateur peut la déranger dans certaines limites ; mais de ce qu'il l'a pu et de ce qu'il ne l'a pas fait , la loi conclut qu'il ne l'a pas voulu. N'est-il pas, d'autre part , rationnel de croire que le défunt a voulu faire à son héritier donataire une simple avance, plutôt que de penser qu'il n'a ainsi agi que pour irrévocablement dépouiller ses autres enfants ? Aussi la loi ordonne-t-elle de rapporter à la masse commune toutes les libéralités faites d'avance, pour les confondre dans une même masse que les cohéritiers se partageront par égales parts.

Donnons sur le rapport, sur son origine, sur son développement, quelques brèves notions historiques.

L'ancien Droit civil Romain ne connut pas le rapport ; la loi des XII Tables n'appelait à la succession de leur père , que les enfants qui étaient *sui Hœredes* , et n'étaient *Héritiers siens* que ceux qui se trouvaient sous la puissance de leur père , lors de la mort de celui-ci (1).

Ceux qui se trouvaient sous puissance, telle était la constitution de la famille Romaine, acquéraient-ils quelque chose, ils l'acquéraient pour leur ascendant, dont ils n'étaient en quelque sorte que l'instrument (2). Conséquemment toute donation entre le père et les enfants sous sa puissance, ne produisait aucun effet juridique (3). Il ne pouvait donc pas y avoir de rapport.

Dès qu'un enfant était émancipé par son père, ou sortait de la famille, il ne faisait plus, en aucune sorte, partie de cette famille, et quand le père mourait, l'enfant, devenu étranger par l'émancipation, n'avait aucun droit à la succession, et ne pouvait pas venir partager avec ses frères.

Cette organisation si forte ne parut pas trop lourde, tant que Rome entourée d'ennemis eut besoin de toutes ses forces pour les réduire , ainsi que le dit Montesquieu ; mais il y a de la différence entre les lois qui font qu'un peuple se rend maître des autres , et celles qui maintiennent sa puissance quand il l'a acquise (4).

Bientôt , en effet, l'institution du Préteur est créée. Le Droit naturel commence à se faire jour dans le Droit des Quirites. La rigueur du Droit civil est tempérée, et le Préteur, *ce pieux sophiste*, comme l'appelle un historien, *qui mentait respectueusement à la loi, pour ne pas mentir au droit éternel*, convoque les enfants émancipés à la

---

(1) Gaius III , 12, 19.
(2) Gaius II , 87.
(3) ff *Pro Donato*, L. I, § 1.
(4) Montesquieu, *Grandeur et Décadence*, chap. IX.

succession de leur père à l'aide d'un moyen détourné, les possessions *undè liberi et contra tabulas* (1).

Les enfants émancipés purent donc concourir avec leurs frères restés sous puissance.

Or, les enfants sous puissance acquéraient tout pour leur père; les enfants émancipés pouvaient acquérir pour eux. Il n'eût pas été conforme à la jurisprudence prétorienne de favoriser les émancipés aux dépens des héritiers siens, ce qui aurait eu lieu, si on se fût borné à admettre les premiers à la succession paternelle; aussi la *collatio bonorum* prévint-elle cette injustice en imposant aux émancipés l'obligation de rapporter dans la succession ce qu'ils avaient acquis. C'est là l'origine du rapport (2).

Dans quelle proportion, de quelle manière se faisait le rapport en Droit Romain ? Ce sont des questions auxquelles la nature de ce travail ne me permet pas de répondre, tout ce que je puis dire, c'est que : l'Enfant émancipé rapportait à chacun de ses cohéritiers une portion de biens égale à celle qu'il lui enlevait dans les biens de la succession de son père (3); c'est que le Rapport n'avait pas lieu dans la succession testamentaire, puisque alors c'était par la volonté du père que l'enfant émancipé venait à la succession (4).

Deux règles résument le mécanisme du rapport à Rome. Les voici :

1° *Emancipatus nihil confert ei cui nihil aufert.*

2° *Ei confertur cui aufertur pro modo ejus quod aufertur.*

Nous pourrions étudier le développement successif de ces règles; voir comment la législation tendit toujours à augmenter le rapport; comment il est étendu à la dot de la fille par Antonin (5); comment Justinien l'ordonne même dans les successions testamentaires (6). Il va sans dire que l'enfant émancipé ne rapportait que les choses qu'il eût acquises pour son père s'il était resté dans la famille, et que n'étaient pas sujets à rapport les pécules *Castrens*, *quasi-Castrens*, *Adventices* (7).

Mais quittons le Droit Romain. Si, en passant les Alpes, nous arrivons en Germanie, nous voyons que si la famille Romaine est rudement constituée, il n'en est pas de même de la famille Germaine. L'enfant est sous la puissance du père, jusqu'à l'âge seulement où il peut porter le javelot; à partir de ce moment, il devient libre, membre actif, compagnon d'un chef. *Antè hoc, domi pars videatur, mox Reipublicæ* (8).

Deux principes découlent de cette organisation : le premier, c'est l'absence de succession testamentaire; le second, c'est l'égalité parfaite entre les enfants : donc le rapport était en Germanie de Droit commun.

---

(1) Gaius, Inst. comm. 3, n° 25 et 26.

(2) ff *de Collatione bon.*, L. I, princip.

(3) ff *de Coll. bon.* Loi I, § 24. Cujas, tome 8, page 82, comm. sur la Loi I du titre *de Collat. bonorum.*

(4) ff *de Collat. bon.* Loi I, § 6, tome 7. Cujas, tome 9, page 680. Vinnius, *de Collat.* cap. 4.

(5) ff *de Collat.* Loi I, princip.

(6) Novelle 18, cap. 6.

(7) ff *de Coll. bon.* Loi I, § 15, Cod. *de Castrensi omn. pal.* Loi unique.

(8) Tacite, *Germ.* cap. 6, 10, 12, 21.

Entrons maintenant dans le Droit coutumier proprement dit. Le principe de l'égalité entre les enfants y est généralement admis. Je n'en veux d'autre preuve que ce passage de Basnage : « Le père et la mère doivent ressembler à l'arondelle, laquelle, au » rapport de Pierius Valerianus en ses Hieroglysiques, dispose ses petits dans son nid » par ordre, pour leur distribuer également la béchée l'un après l'autre ; Aussi, » ajoute-t-il, les Egyptiens la prenaient pour la figure des bons parents qui conservent » l'égalité entre leurs enfants qui doivent estre également élevez et chéris. »

De 1453, date de l'ordonnance de Montils-lez-Tours, à 1580, date de la réformation de la coutume de Paris, on rédige les coutumes ; les idées romaines s'introduisent, et deux écoles s'établissent.

L'une veut conserver la paix dans les familles, et prohibe tout préciput ;

L'autre veut donner une sanction à l'autorité paternelle, et autorise le père à récompenser un de ses fils.

De là bien des divergences. On divise les coutumes en trois groupes (1) :

1° LES COUTUMES DE PRÉCIPUT : les unes excluent radicalement le rapport (2), d'autres ne l'excluent que si tous les enfants sont mariés (3) ;

2° LES COUTUMES D'ÉGALITÉ ABSOLUE, qui ordonnent le rapport, sans dispense possible (4) ;

3° LES COUTUMES D'ÉGALITÉ SIMPLE, qui ordonnent le rapport, mais permettent de s'en dispenser en renonçant à la succession (5).

C'est à ces dernières que le Code fait le plus d'emprunts.

Mais voilà qu'à ces coutumes si variées, succède un jour une règle uniforme, imposée à toute la France par la loi du 17 nivôse an II, loi subversive de l'autorité paternelle ; cette loi adopte les principes des coutumes d'égalité parfaite. *Toute succession sera partagée également entre les enfants* (art. 8, 9, 16, 21).

Mais cette loi radicale et rigoureuse fut bientôt abrogée par une loi du 4 germinal an VII, conçue dans des idées bien différentes. Elle dispose (art. 5) que les libéralités pourront être faites sans qu'elles soient sujettes à rapport.

Notre Code a combiné les dispositions de la loi de nivôse avec celles de la loi de

---

(1) Pothier. *Succ.* IV, 2, § 1.

(2) Artois, Arras, Valenciennes, Douai, Hainaut, Chatellenie de Lille, art. 66 : Dons entre vifs ne se rapportent en succession. Ains les ont donataires hors part.

(3) Cambrai, Amiens, art. 95 : Mais si tous lesdits enfants sont mariés, il n'y a point de rapport entre eux, supposé que l'un eût eu beaucoup plus en mariage que l'autre.

(4) Maine, Tours, Bretagne, Valois, Blois, Calais, Perche, Anjou, art. 278 *in fine :* Personne non noble, par quelque manière que ce soit, ne peut faire la condition de ses héritiers pire ou meilleure de l'un que l'autre. Voir coutume de Normandie, tit. 17, art. 520.

(5) Valois, Blois, Vermandois, Orléans, Paris, art. 307, où celui auquel on aurait donné, se voudrait tenir à son don, faire le peut, en s'abstenant de l'hérédité ; la légitime réservée aux autres enfants.

germinal. Nous allons maintenant étudier son système et les difficultés que ses dispositions ont fait surgir.

Je disais tout à l'heure que l'on conçoit fort bien que l'héritier qui a reçu du défunt un don, le rapporte à la succession, parce qu'on présume que le donataire n'a voulu lui faire qu'une simple avance.

Mais ce qu'on ne conçoit pas, c'est cette disposition de la loi qui ordonne le rapport des legs. — Et d'abord, quoi qu'elle en dise (art. 844-847-849), ce n'est pas là un rapport. Un légataire ne peut pas rapporter un legs à une succession qui vient de s'ouvrir ; il ne l'a pas reçu. Peut-on, en outre du fait d'un legs, induire la volonté du testateur de soumettre le légataire au rapport ?

En faisant un don, le donateur veut donner une jouissance anticipée. Le testateur peut-il vouloir faire de même dans un legs qui ne s'ouvre qu'à sa mort ? N'a-t-il pas, au contraire, l'intention de faire une libéralité hors part ? Le législateur n'a pas suivi ici la volonté du défunt. — Le légataire se trouve dans l'alternative de rapporter son legs, ou, s'il ne le veut pas, de renoncer à la succession. Et, est-il vraisemblable que le testateur n'ait fait son legs que pour le cas où le successible renoncerait ? La loi aurait dû, à l'inverse des donations, présumer les legs faits hors part. On explique, du reste, la bizarrerie du Code par l'influence du Droit coutumier. — Nous savons, en effet, que la plupart des coutumes regardaient comme incompatible la qualité d'héritier et celle de légataire.

QUI DOIT LE RAPPORT?

A Rome, les descendants seuls étaient tenus du rapport. — Les collatéraux et les ascendans en étaient exempts. — Les coutumes décidaient de même. — Le Code civil est bien plus rigoureux. *Quiconque est héritier, s'il a reçu une donation, doit la rapporter, à moins d'une dispense formelle de rapport*. Et cette dispense doit être expresse (1). Une grave présomption ne suffirait pas. Toute la théorie peut se résumer en deux règles, qui ne souffrent pas d'exception.

Règle A. — Rapporte, quiconque est héritier et donataire du défunt (843 et 849).

---

(1) Conf. Chabot. 843, n° 7 ; Grenier, *Traité des Donat.*, 3ᵉ édit., tom. II, n° 483.

Le donataire non successible lors de la donation, doit aussi rapporter (840).

Règle B. N'est tenu du rapport que celui qui, à la fois, est héritier et donataire du défunt.

Corollaires. — *a*) Celui qui renonce à la succession n'est pas tenu du rapport (art. 845).

Il n'est plus héritier ; il garde la donation.

b) Un père succède. Une donation a été faite à son fils. Il n'est pas donataire ; il ne rapporte pas cette donation (art. 847).

De même, le conjoint ne rapporte pas la donation faite à son conjoint (849).

Le Code porte : *Ces dons sont réputés faits avec dispense de rapport.* — Le législateur a l'air de dire : Il y a fraude ; mais je ferme les yeux. Il me semble que ne pas faire rapporter à l'héritier le don qu'il n'a pas reçu, est une simple conséquence logique des principes de l'art. 843. Pourquoi donc le Code s'est-il ainsi exprimé ?

Il faut expliquer cela par l'histoire. La plupart des coutumes portaient si loin le respect pour le principe de l'égalité entre les enfants, qu'elles défendaient toute libéralité préciputaire ; et, pour empêcher toute infraction à cette règle, elles décidaient que le père et le fils seraient considérés comme une même personne. L'avantage fait au petit-fils était réputé fait en faveur du fils ; de même, le don fait au conjoint était réputé fait à l'autre conjoint. Le Code, en s'en expliquant formellement, a voulu rejeter cette présomption (1).

c) Réciproquement, le petit-fils venant de son chef à la succession de l'aïeul, n'est pas tenu de rapporter le don fait à son père (art. 848).

Si le petit-fils vient par représentation, il est alors identifié avec la personne de son père. Son père était donataire ; il le devient. Il doit rapporter, car il a ses obligations et ses droits. Ici nous convenons de la subtilité, mais la subtilité est permise quand elle vient en aide à l'équité.

L'enfant naturel, quoiqu'il ne puisse pas se prévaloir du titre d'héritier, jouit néanmoins des avantages d'un héritier : l'art. 760 l'oblige à une imputation qui n'est autre chose que le rapport.

---

(1) Coutume de Paris, art. 306. Orléans, 308. — Lebrun, *Traité des successions*, liv. 3, chap. 5, sect. 5, n°* 8 et suiv. — Pothier, *Traité des successions*, chap. 4, art. 2, § 4.

J'aurais voulu, à propos de l'art. 845, entrer dans l'examen d'une question importante; celle de savoir si, quand un donataire, en avancement d'hoirie, renonce à la succession de son donateur pour s'en tenir à son don, on impute la donation sur la quotité disponible ou sur la réserve? Je dirai seulement que, vu l'incohérence des textes, le Code semble ne s'être nullement préoccupé de cette question; qu'en conséquence, l'ancien Droit doit nous servir de règle. Or, l'ancien Droit, ainsi que nous l'atteste formellement Ricard (1), ordonnait, dans ce cas, l'imputation sur la réserve. Nous admettons donc ce système : il est, en outre, le seul qui concilie, dans une juste mesure, le respect dû à l'autorité paternelle avec le droit acquis du donataire et l'égalité des enfants. C'est ce système qui réalise le plus les vues du donateur, qui n'a voulu faire qu'une simple avance sur sa succession. C'est, au reste, cette décision qu'adopte la Cour de cassation. Je pense donc que la donation de l'héritier renonçant s'imputera sur la réserve, et subsidiairement sur la quotité disponible. Je regrette de ne pouvoir entrer dans plus de détails.

A QUELLE SUCCESSION EST DU LE RAPPORT?

Le rapport ne peut se faire qu'à la succession du donateur (art. 850). Il n'a pour but, en effet, que de maintenir l'égalité entre les héritiers du donateur. Ainsi, pour connaître à quelle succession doit se faire le rapport, il faut examiner quel était le propriétaire des biens donnés; quel a été le véritable auteur de la libéralité.

Un père, marié sous le régime de la communauté, a doté sa fille avec des biens de la communauté : ce père meurt; sa femme accepte la communauté. Les biens se divisent par moitié (1439). En conséquence, la fille ne rapporte à la succession de son père que la moitié de sa dot.

Je veux examiner ici la question de savoir si le rapport a lieu dans une succession testamentaire aussi bien que dans une succession *ab intestat.*

On dit : Si le défunt avait institué légataires universels ceux mêmes qui étaient ses héritiers, appelés par la loi pour recueillir la succession; s'il avait donné à chacun la portion, même en quotité, qui leur aurait été

______

(1) Ricard. *Donations,* 3ᵉ part., chap. 8, sect. 7, nᵒˢ 1056-1057.

déférée par la loi, ces héritiers-légataires peuvent se demander respectivement le rapport (1).

Je ne puis admettre cette opinion.

La loi pose deux principes :

1º Le cohéritier doit le rapport aux cohéritiers (843);

2º Le rapport n'est pas dû aux légataires (857).

Or, le *cohéritier* est l'héritier *ab intestat*.

Le *légataire* est le cohéritier testamentaire.

Donc, à l'héritier testamentaire n'est pas dû le rapport.

Donc, le rapport n'est pas dû dans une succession testamentaire.

QUI PEUT EXIGER LE RAPPORT ?

L'héritier *ab intestat*.

L'héritier doit rapporter à ses cohéritiers (843).

Il ne doit rapporter qu'à eux seuls (857).

Corollaire I. Le rapport n'est pas dû aux légataires ; car le testateur n'a pu accorder, au moment où il est censé avoir fait son testament, des droits sur des biens qui, précédemment, étaient sortis de son patrimoine.

Corollaire II. Les créanciers n'ont pas le droit d'exiger le rapport. C'est de toute justice, car les biens étant sortis du patrimoine du défunt (894), les créanciers n'ont aucun droit à y prétendre, lors même que leurs créances seraient antérieures aux donations, sauf, bien entendu, l'exercice de l'action Paulienne (1167), et le droit que leur confère l'art 1166, dans le cas. où la personne de l'héritier se confond avec celle du défunt.

QUELS SONT LES AVANTAGES SOUMIS A RAPPORT ?

Règle générale. — Les avantages soumis à rapport sont ceux qui ont été faits entre-vifs par le défunt à son successible directement ou indirectement (843, 851, 853, 854).

D'assez grandes difficultés se présentent sur cette matière.

A. *Dons, legs rémunératoires*. — Sont-ils sujets à rapport ? — Si les services sont appréciables à prix d'argent et que la valeur du don concorde à peu près avec les services rendus, ce ne sont pas des libéralités. Telle

---

(1) Grenier, *des Donations*, 496.

était l'opinion de Vinnius et de Lebrun. Mais les motifs de récompense sont ordinairement vagues : la fraude peut s'y introduire. Il faut ordonner le rapport, sauf à payer au légataire ou donataire ce qui semble lui être dû. C'était l'opinion de l'ancienne jurisprudence, celle de Duplessis et d'Auzanet. Le Code est muet. Adoptons donc ce qu'il est censé avoir adopté, puisqu'il n'y a pas dérogé.

B. *Dons manuels* faits d'une manière occulte ou ostensible. Je les considère comme rapportables, à moins qu'ils ne soient de peu de valeur et ne puissent être considérés comme des cadeaux.

C. *Rapport dû pour frais d'établissement ou payement de dettes.* — Est-ce en qualité de donataire ou en qualité de débiteur que le rapport est dû ? L'intérêt de la question est grand. S'il est donataire, il peut, en renonçant à la succession, ne rien rapporter ; s'il est débiteur, il sera tenu dans tous les cas. C'est là une question de fait plutôt qu'une question de droit. Si un père paye pour son fils avec subrogation, il est incontestable qu'une donation n'a pas été faite.

D. Avantages indirects.

Deux subdivisions :

I. Donations, legs par personnes interposées et déguisés sous un contrat à titre onéreux.

II. Libéralités au moyen de renonciation à des droits acquis.

I. *Donations faites par personnes interposées, et déguisées sous un contrat à titre onéreux.*

Principe. Toute donation faite au moyen de personnes interposées, ou déguisée sous un contrat à titre onéreux est rapportable :

Un système fondé sur des arguments sérieux s'est produit sur cette question ; il décide que ces donations ne sont pas rapportables, et attaque le système dont j'ai posé le principe. Entrons un instant dans la discussion.

— Les donations déguisées sont soumises au rapport.

En effet, l'art. 843 ne fait aucune distinction entre la donation indirecte déguisée, et la donation indirecte faite ouvertement.

— On nous répond : — La loi a distingué dans l'art. 1099.

— L'art. 1099 n'a aucun rapport avec notre titre ; il est du reste conçu en termes fort généraux.

— Au surplus, ajoute-t-on, ne voit-on pas que, par cela seul que les personnes sont interposées et que la donation est déguisée, c'est une présomption de dispense de rapport ?

— L'art. 843 est formel, répondrons-nous encore. — *Tout héritier doit rapporter, sauf dispense expresse de rapport.* — Une présomption n'est donc pas admissible.

— Mais, nous répond-on, comment voulez-vous que le donateur puisse expressément dispenser du rapport? Ne serait-ce pas implicitement reconnaître que la vente est uniquement faite pour cacher une donation? — Or, c'est une donation déguisée qu'il veut faire précisément.

— Cela semble juste; mais le donateur ne pourrait-il pas, au moyen d'un testament olographe, par exemple, qu'il remettrait entre les mains du donataire, le dispenser du rapport, au cas où on découvrirait la donation?

Et puis, fait-on toujours une donation déguisée pour dispenser du rapport, comme semblent le croire nos adversaires? Non; c'est souvent pour éviter uniquement la jalousie des autres enfants.

— On nous oppose encore l'art. 918, qui décide que *ne sera pas rapportable l'aliénation de biens à charge de rente viagère ou à réserve d'usufruit.* C'est une donation déguisée, dit-on, et la loi la dispense du rapport. — Nous ne voyons là qu'un cas spécial, des circonstances particulières, en un mot, une exception au principe général.

Enfin, nous tirons de l'art. 853 un argument définitif et irrécusable : *Ne sont pas rapportables les profits que l'héritier a pu retirer des conventions passées avec le défunt, si ces conventions ne présentaient aucun avantage indirect lorsqu'elles ont été faites.*

Donc sont rapportables les donations déguisées.

Question subsidiaire.

Nous supposons que le Tribunal a reconnu qu'une vente dont le prix était au-dessous de la valeur de l'objet, contenait un avantage indirect, et a ordonné le rapport.

Mais le rapport de quoi? Rapportera-t-on l'immeuble vendu, ou l'excédant de sa valeur? Le Code n'en a pas dit un mot (1). Pothier et Lebrun (2) ne sont pas d'accord. — Que décider?

Nous trouvons au Digeste trois avis différents.

Voici l'espèce : Un mari ne pouvant pas donner à sa femme, lui vend une chose au-dessous de sa valeur.

École des Sabiniens. — La vente est nulle. Le mari reprendra sa chose en rendant le prix (Julien).

École des Proculéiens. — Ou le mari a voulu vendre, ou il ne l'a pas voulu; s'il a voulu se débarrasser de sa chose; si, par exemple, il avait proposé à des tiers de l'acheter, et s'il a vendu à vil prix à sa femme, la donation portera sur l'excédant de valeur de la chose vendue; ou il n'apparaît pas qu'il ait voulu vendre, la vente est alors nulle (3) (Nératius).

---

(1) Pothier, chap. IV, art. 2, § 2.

(2) Lebrun, *des Successions,* liv. 3, chap. VI, sect. 3, n° 8.

(3) ff *de Donat. int. virum et uxorem.* L. 5, § 5.

Avis de Pomponius. — La vente doit être annulée, non pour le tout, mais en proportion de ce qui a été enlevé au juste prix. Uu objet est vendu la moitié de ce qu'il vaut, la femme doit rendre la moitié de la chose vendue (1).

Règle proposée. — La juste valeur excède-t-elle de plus de moitié le prix, alors la vente est nulle ; — Sinon, l'excédant seulement de la valeur doit être rapporté comme constituant une donation.

II. *Libéralités au moyen de renonciation à un droit acquis de la part du père en faveur de son fils.*

Un père est institué conjointement avec son fils légataire universel. Le père renonce et son fils profite de sa renonciation. Il y a donation, mais il peut aussi ne point y en avoir, car le père peut renoncer uniquement, parce qu'il craint de trouver dans ce legs plus d'embarras que de profits. Ce sera donc une question de fait qu'apprécieront les tribunaux.

QUELLES SONT LES LIBÉRALITÉS DISPENSÉES DU RAPPORT ?

1º Les libéralités expressément dispensées du rapport par l'auteur de la disposition (843, 846, 919). Cette dispense peut être écrite dans l'acte de donation ou dans un acte postérieur revêtu des formalités nécessaires à la validité des dispositions entre-vifs ou testamentaires.

2º Les avantages que le défunt n'est réputé avoir procurés à son successible qu'en prenant sur ses revenus (852). C'est pour cela que le donataire ne rapporte pas les fruits et intérêts des choses sujettes à rapport (856).

3º La dot constituée par un père à sa fille, lorsque le mari est déjà insolvable, lors de sa constitution. La fille ne rapporte que l'action illusoire qu'elle a contre son mari, pour se faire rembourser (art. 1573).

COMMENT S'OPÈRE LE RAPPORT ? SES EFFETS.

L'obligation du rapport constitue tantôt une dette de corps certain, tantôt une dette de quantité :

Dans le premier cas, rapport en nature ;

Dans le deuxième cas, rapport en valeur (858).

Le rapport en nature, c'est la remise réelle de l'objet à la masse ; le rapport en valeur, si c'est de l'argent qui a été donné, se fait, soit en versant

---

(1) ff *de Donat. int. virum et uxorem.* L. 31, § 3.

une somme égale à celle qui a été donnée, soit en moins prenant dans les objets qui composent la masse.

I. RAPPORT EN NATURE.

Le propriétaire d'un immeuble, débiteur de cet immeuble sous condition suspensive, en est propriétaire sous condition résolutoire (859).

Donc, s'il a conféré des droits sur cet immeuble, il n'a pu conférer que des droits conditionnels, *et resoluto jure dantis resolvitur jus accipientis* (art. 2125).

Donc tous ces droits réels s'évanouissent, à moins que l'immeuble rapporté ne retombe dans le lot du donataire de cet immeuble.

Dans deux cas, la dette de corps certain devient une dette de quantité.

Première exception au rapport en nature. — Cas de l'aliénation de l'immeuble au profit d'un tiers. Ce rapport se fait de la valeur au moment de l'ouverture de la succession (860).

Deuxième exception. — Quand il y a dans la succession des immeubles de même nature, valeur et bonté (859). Que veut la loi ? elle veut l'égalité entre les cohéritiers ; dans ce cas, le but de la loi est atteint. On rapporte donc en valeur. Mais l'obligation n'a pas changé de nature ; c'est la valeur au moment du partage qui est rapportée. On doit, en effet, toujours un corps certain.

COROLLAIRES. — *Des risques et impenses dans le cas de l'obligation du rapport en nature.*

A. Perte de l'immeuble par cas fortuit avant l'ouverture de la succession. Il n'est pas dû de rapport (1182, al. 2, 855).

B. Perte depuis l'ouverture de la succession.

Distinction :
{ L'immeuble a été aliéné. — **Le prix en est dû :** *Genera non pereunt.*
{ L'immeuble est resté la propriété du donataire. — **L'obligation est éteinte.**

C. Détériorations
{ *fortuites.* — **Le donataire n'est tenu à rien.**
{ *de la faute du donataire.* — **Il en doit compte à la succession (864).**

D. Impenses

nécessaires. — On en doit compte au donataire (862).

utiles. — On en doit compte jusqu'à concurrence de la plus va-
lue (861).

voluptuaires. — On n'en doit pas compte au donataire ; seulement
le donataire a la faculté d'enlever ce qui peut l'être (Voir 599).

REMARQUE. — *Du droit de rétention.*

On ne peut être tenu d'accomplir son obligation, quand l'autre partie n'ac-
complit pas la sienne.

Aussi, tant qu'on n'a pas remboursé à l'héritier donataire les impenses
qu'il a faites, la loi lui permet de retenir l'immeuble jusqu'à entier payement (867).

II. RAPPORT EN VALEUR.

Pour tous les meubles, leur valeur au temps de la donation doit être rapportée (868).

Pour les corps certains mobiliers, le législateur a compris qu'ils se dé-
térioraient facilement. Un état estimatif (948) fixe la valeur au temps de
la donation, sinon une estimation faite par experts et sans crue (868).

CONSÉQUENCE. Tous risques, toutes pertes, toutes détériorations sont
pour le compte du donataire.

Il en est de même pour les rentes ou meubles incorporels. Il faut avouer
que cette assimilation paraît bien dure ; on serait tenté d'accuser d'impré-
voyance le législateur.

Nous avons exposé les idées générales qui naissent à propos des rapports :
passons maintenant au deuxième mode de composer la masse partageable,
à savoir la réduction.

DE LA RÉDUCTION.

La réduction est la sanction nécessaire de la réserve.

Qu'est-ce que la réserve? Je dois en dire quelques mots.

Le droit de disposer à titre gratuit s'étend en général à tous les biens.
Cependant la loi refuse quelquefois à une personne le droit de disposer de
l'intégralité de sa fortune. Elle en fait deux portions, l'une disponible,
l'autre indisponible; cette dernière s'appelle la réserve.

Les soins dus à un père ou aux aïeux qui nous en tiennent lieu, l'éducation et l'entretien des enfants, sont en effet pour la propriété, quelle qu'en soit la nature, une charge sacrée qui nécessairement survit au propriétaire.

Inconnue dans le principe à Rome, où on avait exagéré la puissance paternelle, elle s'y introduisit bientôt par une fiction des préteurs. Les Empereurs l'augmentèrent successivement, et la consacrèrent législativement. Dans nos pays de coutume, on accordait aussi une légitime en faveur des descendants et ascendants ; il y avait, en outre, sur les propres une réserve, et on ne pouvait disposer de ces propres que jusqu'à concurrence d'un quint ou cinquième.

La loi du 17 nivôse an II, dans le but d'empêcher la concentration des richesses, pour amener le nivellement des fortunes, resserra la faculté de disposer à titre gratuit dans les limites les plus étroites, limites qu'étendit la loi du 4 germinal an VII, et que le Code civil agrandit encore en établissant la portion disponible et implicitement la réserve.

Ont une réserve les seuls parents en ligne directe : les enfants et les ascendants.

Elle est de la moitié, du tiers ou du quart du patrimoine, selon qu'il y a un, deux, trois ou un plus grand nombre d'enfants (913).

Les ascendants n'ont droit qu'à un quart pour chacune des lignes paternelle ou maternelle, quel que soit leur nombre.

La réduction est la sanction nécessaire de cette réserve. Elle est accordée aux réservataires contre les donataires ou légataires, quand les dispositions faites par le de cujus, dépassent la quotité disponible et entament la réserve.

COMPOSITION DE LA MASSE POUR CALCULER SI LA RÉSERVE EST OU NON ENTAMÉE, ET RÉDUIRE S'IL Y A LIEU.

Voici la méthode à suivre :

1° *Composition des biens laissés.* — On réunit toutes les choses mobilières et immobilières du défunt. Les créances mauvaises doivent y être comprises, mais seulement pour le prix qu'on en donnerait, en examinant les chances de solvabilité ou d'insolvabilité du débiteur (1) ;

---

(1) L. 83, § 1, ff *ad legem Falcid.*

2º *Déduction des dettes.* — L'art. 922 porte qu'on doit déduire les dettes après la réunion fictive à la masse des biens donnés. Je crois qu'on doit les déduire en second lieu. En effet, que le passif soit supérieur à l'actif, qu'on déduise les dettes du total, et l'on verra que les créanciers profiteront de la réduction des biens donnés, droit qui leur est formellement refusé (art. 921).

3º *Rapport fictif des biens donnés avant les dettes.* — Tous les biens donnés sont rapportés ; l'estimation de ces biens se fait d'après leur état, au moment de la donation, et leur valeur, au moment du décès du donateur.

4º *Liquidation.* — On additionne la première masse, déduction faite des dettes, à la seconde. C'est sur ce total que l'enfant, ou les enfants, ou l'ascendant viennent prendre la part que la loi leur assigne.

QU'Y A-T-IL DE SUJET A RÉDUCTION ?

1º Toutes dispositions entre-vifs ou testamentaires faites directement et sans déguisement par le défunt ;

2º Les avantages indirects non déguisés ;

3º Les donations déguisées faites par le défunt, soit à l'un des successibles, soit à des tiers non successibles.

A QUI APPARTIENT L'ACTION EN RÉDUCTION?

A ceux-là seuls au profit desquels la loi a établi une réserve, à leurs héritiers ou ayants cause.

Ne peuvent intenter l'action en réduction les donataires, les légataires du défunt, les créanciers de la succession, ni même profiter de la réduction opérée.

COMMENT S'EXERCE LA RÉDUCTION ET CONTRE QUI?

I. La réduction porte :

1º Sur les dispositions testamentaires. Toutes ont la même date ; elles sont donc réduites toutes au marc le franc ;

2º Ensuite, si les legs n'ont pas suffi, on entame les donations entre-vifs. On commence par la dernière, et on remonte ainsi des plus récentes aux plus anciennes (art. 923).

Les institutions contractuelles se voient appliquer cette même règle, comme les donations ordinaires.

II. La réduction s'opère en nature ou en valeur.

L'héritier donataire par préciput peut retenir sur les biens donnés la valeur de la portion qui lui appartiendrait comme héritier dans les biens non disponibles, pourvu que ces biens soient de même nature que ceux qu'il a reçus (art. 924). D'une autre part, l'héritier donataire, par préciput, d'un immeuble, jouit de la faculté de retenir cet immeuble en totalité, si le retranchement que sa donation doit subir ne peut s'opérer commodément en nature, et si la quotité dont le défunt pouvait disposer à son profit excède la valeur de cet immeuble (866).

Quand un immeuble rentre en nature, toute hypothèque, toute servitude, qui pourrait avoir été consentie sur lui, est anéantie (929).

Lorsque les biens ont été aliénés, le donataire n'est pas tenu de les rendre en nature; il en doit la valeur. S'il est insolvable, les tiers détenteurs des biens seront poursuivis (930).

Il va sans dire que le donataire obligé de restituer, a droit de réclamer les impenses utiles qu'il a faites sur le fonds. Il doit de son côté rendre compte des fruits à compter du jour de l'ouverture de la succession, si la demande en réduction a été formée dans l'année, sinon à compter du jour de la demande (928).

DES FINS DE NON-RECEVOIR CONTRE LA RÉDUCTION.

L'action en réduction cesse :

1° Par la renonciation expresse ou tacite des héritiers à réserve ;

2° Dans le cas où chaque cohéritier a reçu du défunt en avancement d'hoirie sa part dans sa réserve ;

3° Enfin, par la prescription de trente ans, à compter du jour de l'ouverture de la succession (2262); et si les biens sont passés entre les mains d'un tiers-acquéreur de bonne foi, ce tiers-acquéreur peut prescrire par dix où vingt ans (2265).

DE L'ACTION EN PARTAGE.

La masse partageable est composée ; les copartageants ont rapporté les avances qu'on leur avait faites ; les donations définitives ont été, s'il y a eu lieu, réduites ;

Il ne reste plus maintenant qu'à intenter l'action et à partager.

Et d'abord, posons ce principe : L'action en partage est imprescriptible.

Article 816. — *Le partage peut être demandé même quand l'un des cohéritiers aurait joui séparément de partie des biens de la succession, s'il n'y a eu acte de partage ou possession suffisante pour acquérir la prescription.*

Il y a là une règle et une exception. Essayons de les préciser l'une et l'autre : et d'abord la règle.

L'action en partage, naissant chaque jour du fait de l'indivision, est perpétuelle. En effet, la prescription n'est autre chose que la présomption qu'une convention est intervenue entre les parties. La prescription d'une action en partage reposerait donc sur la présomption qu'une convention d'invision est intervenue. Or, toute convention de rester toujours dans l'indivision est prohibée. Donc on ne peut pas l'invoquer pour fonder la prescription ; donc le droit de sortir de l'indivision est imprescriptible.

Voilà la règle.

Maintenant, si l'indivision cesse, l'imprescriptibilité de l'action tombe. Or, l'indivision cesse quand il y a eu partage ; l'indivision cesse quand on a prescrit les objets de la succession par une possession de trente ans avec l'esprit de dominité en maître exclusif.

Voilà l'exception ; développons-la.

A, B, C, héritiers. — A detient toute la succession ; il se croit seul héritier, seul propriétaire. Au bout de trente ans il aura prescrit, et B et C, venant demander le partage, seront repoussés par la prescription.

J'examinerai ici une question.

Un des trois cohéritiers possède exclusivement une portion des biens de l'hérédité. Cette portion de biens il l'a vendue à un tiers de bonne foi.

Je distinguerai :

Ou il s'agit d'un tiers qui a acquis les droits successifs de l'héritier, et alors j'appliquerai la maxime : *Nemo in alium plus juris transferre potest quàm ipse habet.* L'acquéreur représente l'héritier ; il ne peut prescrire que par trente années.

Ou il s'agit d'un tiers qui aurait acheté la portion de biens dont l'héritier avait commencé à jouir séparément ; alors dix ans, si les cohéritiers sont dans le même ressort de la cour impériale que lui ; vingt ans, s'ils n'y sont pas, lui suffiront pour prescrire, *non pas l'action en partage* (ce n'est pas elle qu'il prescrira), mais la propriété des biens qu'il aura acquis.

QUI PEUT PROCÉDER AU PARTAGE ?

Et d'abord, posons une distinction qui nous sera utile entre le **partage provisionnel** et le partage définitif.

Le partage provisionnel est un partage provisoire, qui ne touche qu'à la jouissance ; partage sur lequel on peut revenir.

Le partage définitif est le partage de la propriété, qui fait à jamais cesser l'indivision.

PRINCIPE. *Le partage est une aliénation. Pour exercer l'action en partage, il faut donc être maître de ses droits.*

Examinons quatre cas :

1° Cas d'une succession échue à un mineur ;

2° à un mineur émancipé ;

3° à un absent.

4° à une femme mariée.

§ 1er. SUCCESSION ÉCHUE A UN MINEUR OU A UN INTERDIT.

Le mineur est dirigé, représenté par son tuteur (Code Nap., art. 450) ; donc le tuteur doit pouvoir exercer l'action en partage (Code Nap. 817, al. 1er). La loi veut une garantie de plus ; elle veut que le conseil de famille autorise spécialement le tuteur ; alors seulement le tuteur peut faire un partage définitif ; sans cette autorisation, le partage ne serait que provisionnel. Mais si le tuteur est forcé au partage par les autres cohéritiers, a-t-il besoin, pour défendre à cette action, d'une autorisation du conseil de famille ? — Non certes ; car le conseil de famille ne saurait se refuser à ce partage, nul n'é-tant contraint de rester dans l'indivision (465 du Code Nap.). Et le partage, dans ce cas, fait sans autorisation, sera-t-il provisionnel seulement, comme le porte l'art 840 ? — Non ; il sera définitif, car l'art. 840, entendu sai-

nement, n'a voulu parler que du cas où le partage serait provoqué par l
tuteur, sans autorisation du conseil de famille.

§ 2. SUCCESSION ÉCHUE A UN MINEUR ÉMANCIPÉ.

Le mineur émancipé peut intenter une action immobilière, avec l'assistanc
de son curateur (482). Sans son assistance, il fera un partage p rovisionnel
avec elle, il fera un partage définitif.

On me dit : Mais l'art. 817 parle de mineurs, et ordonne toujours l'autorisation du conseil de famille; il ne distingue nullement entre les mineur
ordinaires et les mineurs émancipés. — C'est vrai; mais je répondrai qu
l'art. 817 est inapplicable aux mineurs émancipés, puisqu'il ne mentionn
que des mineurs qui ont des tuteurs. L'art. 840 offre, du reste, un argumen
irrésistible.

§ 3. SUCCESSION ÉCHUE A UN ABSENT.

L'art. 817 porte : *L'action en partage, à l'égard des cohéritiers absents
appartient aux parents envoyés en possession.*

Dans le cas d'héritiers déclarés absents, les parents, envoyés en possessior
définitive ont seuls le droit d'aliénation. Ceux qui n'ont que l'envoi en possession provisoire, ne l'ont pas. Ici la loi l'accorde à tous ; en conséquence, au conjoint, à l'administrateur légal, lequel est mis sur la même ligne (126-127).

S'il n'y a que présomption d'absence, le présumé absent sera représenté
par un notaire (art. 113).

§ 4. SUCCESSION ÉCHUE A UNE FEMME MARIÉE.

L'action en partage appartient, soit au mari, soit à la femme, soit aux
deux époux conjointement.

Il faut distinguer les régimes.

A. *Communauté.*

Le mari est maître et seigneur de la communauté. Si la communauté
porte sur tous les biens meubles et immeubles, le mari peut exercer l'action en partage sans le concours de sa femme.

Si les biens échus par succession ne tombent pas dans la communauté,
le mari ne peut provoquer le partage qu'avec le concours de sa femme ; il

pourra faire un partage provisionnel seul, quand il aura le droit de jouir
les fruits de ses biens. Ce partage provisionnel deviendra définitif si la
femme le ratifie.

B. *Régime exclusif de communauté.*

Le mari, sous ce régime, n'a la propriété d'aucun des biens de la femme,
mais il en a la jouissance et l'administration. Il n'y a pas société de
biens (1530); le mari peut seulement demander le partage provisionnel.

C. *Régime de séparation de biens.*

C'est le régime sous lequel la femme a un patrimoine essentiellement distinct de celui de son mari; elle a la jouissance de ses revenus. Le mari ne
peut donc pas provoquer même de partage provisionnel. L'action en partage
sera exercée par cette dernière, avec l'assistance de son mari ou de justice.

D. *Régime dotal.*

Sous ce régime, le mari a seul l'administration et la jouissance des biens
dotaux de sa femme. Il a donc le droit de demander le partage provisionnel
des objets échus à la femme ; mais il ne peut provoquer, sans le concours de
sa femme, un partage définitif. L'art. 818 est formel sur ce point. Quant
aux biens paraphernaux de la femme, ce patrimoine qui lui est propre, est
distinct, comme sous le régime de la séparation de biens ; le mari ne peut
donc pas même en demander le partage provisionnel.

Telles sont les personnes qui peuvent procéder au partage.

COMMENT S'OPÈRE LE PARTAGE ?

I. *Mesures préliminaires.*

L'apposition des scellés sur les meubles et l'inventaire. L'apposition des
scellés a lieu dans quatre cas :

1º Quand elle est requise, soit par un de ceux qui prétendent avoir droit
de figurer au partage (909, 1º Code de procéd.), soit par tout créancier
muni d'un titre exécutoire ;

2º En cas de non présence d'un des cosuccesseurs (819, al. 2) ;

3º En cas de minorité, si le mineur est sans tuteur (819) ;

4º Lorsque le défunt était dépositaire public (Procéd. 911, 3º).

II. *Du Tribunal compétent.*

Quand il y a lieu de faire un partage judiciaire , quel est le tribunal qui en connaîtra ? — L'action en partage est une action mixte (Code de Procéd. 59, art. 4) ; elle se porte devant le tribunal de la situation des biens ou devant celui du domicile du défendeur. — Quand il s'agit d'une succession , le tribunal du lieu où s'est ouverte la succession est seul compétent. Aussi, pour les licitations, les demandes en rescision , nous pensons qu'on devra les porter devant ce dernier tribunal , car c'est lui qui est le plus apte pour statuer sur ces difficultés.

III. *Des formes à suivre.*

Ou tous les cohéritiers sont présents et majeurs , ou ils ne le sont pas. Dans le premier cas , le partage peut être fait à l'amiable. Dans le second , pour être définitif, il ne peut être fait qu'en justice. Il en est de même dans le cas où un des cohéritiers ne veut pas souscrire au partage conventionnel.

PROCÉDURE.
— Assignation aux cohéritiers de la part du plus diligent.
— Le tribunal commet un juge-commissaire et un notaire.
— Ce juge dirige le partage et concilie les parties.
— S'il ne le peut , il fait un rapport des difficultés sur lesquelles le tribunal statue sommairement.
— Si les biens sont immeubles et impartageables , le tribunal ordonne la licitation ou vente en justice.
— Sinon, une expertise est ordonnée ; un ou trois experts sont commis.
— L'expertise ou la licitation faite , le notaire liquide les droits des cohéritiers.
— Chaque cohéritier prélève ce qui lui est dû à titre de préciput ou de reliquat de compte.
— Puis on compose autant de lots qu'il y a de partageants ou de souches.
— Chaque lot doit contenir , si cela se peut , même quantité de meubles ou d'immeubles.
— Si les lots sont inégaux , on compense par un retour appelé **soulte**.

— Cette soulte est garantie par un privilége qui s'inscrit dans les soixante jours.

— Les lots sont composés par un des cohéritiers.

— Si l'on ne peut s'entendre ou qu'il y ait un mineur, c'est par un expert commis.

— Le tirage au sort des lots termine le partage.

— Chaque copartageant reçoit ses titres de propriété (843).

Je termine ces dispositions réglementaires par une question.

Par qui doivent être supportés les frais d'un partage judiciaire ?

Quand on fit la première rédaction du Code civil, on avait proposé à la suite de l'art. 466 un autre article : « *Les frais du partage judiciaire sont* » *à la charge du mineur et de l'interdit qui les rend nécessaires par sa posi-* » *tion.* » On ne l'adopta pas, et ce fut justice.

En effet, si la loi exige que dans le cas de minorité d'un des cohéritiers le partage soit fait en justice pour être définitif, elle permet aux majeurs de demander un partage provisionnel ; ce partage leur offre les mêmes garanties. Si le partage en justice a lieu, c'est parce que les majeurs l'ont bien voulu ; l'exigence de la loi est compensée par la faculté accordée aux majeurs ; tout est concilié ; la masse doit donc supporter tous les frais, à moins qu'un des cohéritiers n'ait élevé des contestations de mauvaise foi ; dans ce cas, il devrait, lui seul, supporter les frais qu'il a occasionnés.

DU RETRAIT SUCCESSORAL.

En principe, le cessionnaire peut exercer les droits de son cédant. En conséquence, le cessionnaire d'un des cohéritiers pourrait exercer l'action en partage et s'immiscer dans toutes les opérations. Mais la loi ne l'a pas voulu. Elle voit toujours de mauvais œil ceux qui trafiquent des droits douteux et non liquidés ; elle craint les difficultés et les conséquences fâcheuses que pourrait susciter la présence d'un spéculateur avide dans une opération de famille ; aussi a-t-elle permis d'écarter du partage le cessionnaire de tout ou partie des droits successifs de l'un des cohéritiers, quand même il serait parent du défunt, s'il n'est pas son successible.

L'exercice de cette faculté s'appelle retrait successoral. Cette action pour écarter un étranger est une véritable action en subrogation, puisqu'elle tend à faire subroger les cohéritiers du cédant aux droits acquis par le cessionnaire en lui remboursant le prix de sa cession (1).

L'origine de ce retrait se trouve au Code de Justinien, dans les lois *per diversas* et *ab Anastasio* (2). — L'art. 841, dans notre Code, les a consacrées. — La loi a eu pour but d'écarter du partage celui qui n'est pas cohéritier. Toute personne, même parente du défunt, si elle n'est pas son successible, doit être exclue des opérations.

I. La succession est dévolue à des parents de la ligne paternelle et maternelle. — Dans chaque ligne il y a lieu à un partage secondaire. — Si l'un des successibles dans la ligne paternelle vend sa part à l'un des successibles de la ligne maternelle, ce successible peut-il être écarté de ce partage secondaire ? — L'affirmative paraît évidente.

II. Je suppose que l'un des successibles ne cède pas sa part, ni même une fraction de sa part, mais un objet spécial et déterminé de la succession : Y a-t-il lieu au retrait successoral ? — Non, dit la jurisprudence ; ce n'est pas dans ce cas une cession de droits successifs, mais une vente d'un corps certain. (Cassation, 14 août 1840 ; Bourges, 16 décembre 1833 ; Pau, 19 août 1837.) Je ne puis adopter cette jurisprudence, et voici pourquoi :

De deux choses l'une :

Ou l'objet vendu tombera dans le lot du cédant, et alors la vente sera valable ; ou l'objet vendu ne tombera pas dans le lot du cédant, et la vente sera nulle. Or, l'acheteur n'aura-t-il pas le droit d'intervenir au partage, pour s'assurer qu'aucune fraude ne se commet à son préjudice, et qu'on effectue régulièrement le tirage au sort des lots ? — C'est précisément cette intervention que la loi ne veut pas permettre ; car si on n'a pas à craindre ici l'esprit de spéculation, il est toujours pénible à une famille de voir ses secrets pénétrés par un étranger. Nous lui appliquerons donc l'article 841.

Faisons cependant une précision. Nous l'admettrions cet étranger, dans un seul cas ; ce serait celui où il s'engagerait à suivre la bonne foi des copartageants, et à ne pas s'immiscer dans le partage.

III. Le cessionnaire peut être écarté du partage par tous les cohéritiers

____

(1) Chabot de l'Allier, sur l'art. 841.
(2) Code, lib. IV, tit. 35 ; loi 12 et 23.

ou par un seul ; si un seul exerce le retrait, il n'est pas obligé de faire participer les autres au bénéfice qu'il peut en retirer.

IV. Le cessionnaire qu'on écarte , doit être rendu indemne. On doit lui rembourser le prix de la cession avec les intérêts à compter du jour où il a été payé , les frais et loyaux-coûts du contrat. Au reste , celui qui exerce le retrait n'est pas tenu de payer tout le prix porté dans l'acte , mais le prix réel seulement , car il est possible que le prix ait été exagéré, précisément pour rendre le retrait plus difficile.

V. Il s'élève une dernière question : Le cessionnaire donataire peut-il être écarté par le retrait ? — Il semble qu'une controverse n'est pas possible ; l'art. 841 n'est pas applicable. Le législateur a dit : *il faut restituer le prix ;* or, une donation n'a pas de prix. Et puis, si vous excluez ce cessionnaire à titre gratuit, il faut lui payer la valeur de sa cession. Il aura encore le droit de s'immiscer dans les opérations du partage pour la conservation de la valeur de ses droits , qui sera d'autant plus grande que la valeur de la succession le sera davantage. Si le donataire a , par la force des choses, le droit de venir au partage , le but de la loi permettant le retrait est manqué. — De toutes les façons , l'art. 841 est inapplicable au cessionnaire à titre gratuit.

VI. Tant que le partage n'est pas terminé, on peut exercer le retrait , quoique le cessionnaire ait été admis aux premières opérations , pourvu toutefois que les copartageants n'aient point ratifié la cession expressément ou tacitement.

DES EFFETS DU PARTAGE.

Le cohéritier (art. 883) est censé avoir succédé seul et immédiatement à tous les effets compris dans son lot, ou à lui échus par licitation , et n'avoir jamais eu la propriété des autres effets de la succession.

L'héritier est censé ; donc c'est une fiction.

A Rome , le partage est translatif de propriété (1). A ne consulter que le sens commun, le partage contient indubitablement une aliénation , une translation d'une tête sur une autre. Et cependant notre loi moderne le considère comme déclaratif de propriété , et consacre ce principe de la manière

____

(1) Voir L. 18 , ff *de Castrensi pœculio ,* qui défend le partage au copropriétaire qui n'a pas le droit d'aliéner. — Voir Ulpien xix , 16, *Regularum.*

la plus formelle. — D'où vient cette divergence entre les idées françaises et les idées romaines ? C'est ce qu'il convient d'étudier en peu de mots.

Quand la féodalité couvrit la France comme d'un vaste réseau, le droit devint une émanation libre du bon plaisir du seigneur, et aux principes que les jurisconsultes romains avaient destinés à régir l'univers, succédèrent des règles spéciales, restreintes dans leur application à de minces territoires.

Toute aliénation de fief est interdite sans le consentement du suzerain (1), et le suzerain ne le donne pas, dans le principe, car il lui importe d'avoir plutôt de puissants feudataires sous ses ordres, qu'une multitude de petits vassaux.

Mais le vassal mort, ses enfants veulent se partager le patrimoine de leur père. — Non, dit le seigneur ; partager est aliéner. — Nous partagerons néanmoins, disent les enfants du vassal. — Une lutte s'élève ; elle dut être vive et animée. Mais nous ne pouvons faire sur elle que des conjectures ; ce qui est certain, c'est que nous voyons établi quelque temps après comme un fait patent, sinon comme un droit reconnu par les seigneurs, le partage du fief entre les héritiers du vassal.

Mais bientôt les seigneurs qui, à raison du service militaire, refusaient dans le principe tout consentement à l'aliénation des fiefs qu'ils avaient concédés, se départissent de leur rigueur. — Ils donnent facilement leur consentement. — Pourquoi ? Parce qu'ils le font payer. — Le consentement du seigneur ne s'obtient qu'en payant le droit de lods et ventes, origine du droit d'enregistrement de nos jours (2).

Art. 33, coutume de Paris. « *En toute mutation est dû droit de rachat » ou relief.* »

Le partage s'était fait autrefois malgré les seigneurs. Nous avons partagé sans votre consentement alors que vous le refusiez, dirent les vassaux ; aujourd'hui nous n'avons pas besoin de ce consentement, nous ne payerons pas le droit de lods et ventes. — Les vassaux forcèrent encore la main aux seigneurs.

Plus tard arrive une époque où surgissent de toutes parts les juriscon-

---

(1) Coquille, — Institutes, chap. *des Fiefs,* — Galand, chap, 6, *des Franc-aleu.*

(2) De Laurière, pag. 29, *des Amortissements.*

sultes. — On veut tout expliquer, et toujours au moyen du Digeste et des décisions de Paul et d'Ulpien.

Or les droits seigneuriaux s'appliquaient à tous actes translatifs de propriété. — Les jurisconsultes remarquent que le partage n'est pas soumis aux droits seigneuriaux. — Donc, concluent-ils très-logiquement sans doute, mais certes bien faussement, le partage n'est pas translatif de propriété.

Mais pourquoi? Parce qu'il y a une loi au Code qui porte : *Filius censetur una et eadem persona cum patre* (1). — Parce que, disent d'autres, le partage est un acte nécessaire et non volontaire (2).

Le caractère déclaratif du partage s'établit dans la doctrine. Les premiers jurisconsultes sont copiés, à quelque temps de distance, par les Bacquet, les Coquille, les Chopin, les Mornac et les Louet.

Pothier, d'Argou, Bourjon plus tard, résument ces auteurs.

Et le Code Napoléon copiant à son tour Pothier, édicte ce fameux article 883, qui nous régit.

Etudions, en quelques mots, d'abord l'extension de cette fiction, ensuite ses conséquences.

L'article 883, qui donne au partage un effet rétroactif au jour de l'ouverture de la succession, s'applique aussi à la licitation. Il faut néanmoins qu'elle soit faite au profit de l'un des cohéritiers, et non au profit d'un étranger. Dans ce dernier cas, ce ne serait plus un partage entre héritiers, mais une aliénation faite par chacun d'eux de sa part indivise de l'immeuble licité.

Est assimilé au partage tout acte à titre onéreux, pourvu qu'il ait pour effet de faire cesser l'indivision relativement à tous les héritiers. Telle serait la cession de droits successifs faite à l'un des cohéritiers par tous les autres.

L'article 883 s'applique-t-il aux créances, aux meubles incorporels ? — Je ne le crois pas. Les créances ne peuvent jamais faire la matière d'un partage ; elles ne sont pas dans l'indivision, puisque la loi les divise elle-même de plein droit (art. 1220) entre les cohéritiers. — On oppose l'art. 832, qui porte que les créances laissées par le défunt peuvent être comprises dans le partage.

---

(1) L. Cod. *in fine, de Impuberibus.*
(2) Pocquet-Livonière, liv. 3, ch. 6 , sect. 6, *Traité des Fiefs.*

— Je répondrai que l'art. 832 est étranger aux effets du partage. Cet article indique un moyen pour faciliter la composition des lots qui doivent être par-faitement égaux. Si un lot est de moindre valeur, on y ajoute une créance qui efface l'inégalité. Mais ce n'est là qu'une soulte, une indemnité qu'un des cohéritiers donne à l'autre ; et peu importe qu'il la paye avec la fraction de créance qui lui a été transmise par le défunt, et qui est déjà entrée dans son patrimoine.

Du principe de l'art. 883 résultent plusieurs importantes conséquences :

I. Si un cohéritier a constitué une hypothèque sur un immeuble qui tombe dans le lot de son cohéritier, il est censé avoir constitué une hypothèque sur la chose d'autrui, et l'hypothèque est nulle.

Il en est de même de la servitude.

II. Le cohéritier auquel il est dû une soulte, ne peut, en cas de non payement, invoquer l'action en résolution accordée au vendeur par l'art. 1654 du Code civil. Son droit est garanti par un privilége.

III. L'art. 45, n° 3, de la loi du 28 avril 1816, modifiant la loi du 22 frimaire an VII, soumet à un droit fixe seulement, le partage, et non à un droit proportionnel de mutation, sauf le cas où il y a soulte.

Ce principe de l'art. 883 s'applique aux partages entre copropriétaires, quels qu'ils soient; par exemple, en cas de communauté (1476), et en cas de société (1872).

DE LA GARANTIE.

La garantie des lots est de l'essence du partage. Les cohéritiers sont respectivement garants les uns envers les autres :

1° De toute éviction des objets compris dans le lot de chacun d'eux ;

2° De tout trouble apporté à leur jouissance, dont la cause est antérieure au partage ;

3° De la solvabilité, lors du partage, des débiteurs, pour les créances échues à chacun.

Le copartageant n'est pas, en effet, un cessionaire (1694). L'art. 886, du reste, admet la garantie pour les rentes. Il y a, je crois, même raison de décider pour les créances.

L'éviction des objets attribués au copartageant rend sans cause l'attri-bution des autres objets à ses copartageants. Donc, en droit, le partage serait à refaire. Cela n'a pas lieu cependant ; trop d'intérêts pourraient se trouver froissés. Il suffit d'indemniser le cohéritier évincé de la perte que lui a causée l'éviction. — Cette indemnité doit être supportée par tous les cohéritiers, et en proportion de leur part. Si l'un d'eux est insolvable, le garanti ne doit pas supporter seul la perte ; mais elle sera répartie entre lui et les autres cohéritiers solvables.

L'action en garantie dure trente ans. Pour les rentes, elle ne dure que cinq ans. Cette disposition de l'art. 886 s'explique par la disposition de l'art. 2277, qui déclare prescriptibles par cinq ans tous les arrérages ; et la loi présume que l'héritier auquel est échue la rente, ne laissera pas passer le délai de cinq ans sans poursuivre le débiteur.

VOIES DE RECOURS CONTRE LE PARTAGE.

Il y a trois moyens d'attaquer les partages :
I. L'action en nullité.
II. L'action en rescision.
III. L'action révocatoire,

I. ACTION EN NULLITÉ.

Les causes de nullité sont la violence et le dol. La loi ne mentionne pas l'erreur dans l'art. 887. L'erreur se confond, en effet, avec la lésion. L'action en nullité ne sera plus recevable, si une confirmation de l'acte est intervenue après la cessation du dol ou de la violence, et si le délai de dix ans s'est écoulé à partir du même moment. Enfin, la loi regarde comme une fin de non-recevoir pour l'action en nullité, l'aliénation faite par le cohéritier de son lot, en tout ou en partie, postérieurement à la cessation de la violence et à la découverte du dol (892).

II. ACTION EN RESCISION.

A. Le partage est du petit nombre d'actes contre lesquels la loi accorde, même aux majeurs, l'action en rescision pour lésion. — La loi veut, à tout prix, l'égalité. — Mais il faudra cependant une lésion raisonnable ; aussi la loi exige-t-elle une lésion d'un quart. L'action en rescision est recevable contre tout acte qui a pour objet de faire cesser l'indivision entre cohéritiers, encore qu'il soit qualifié vente, échange, transaction.

B. *Fins de non-recevoir à l'exercice de l'action en rescision.*

1re Exception. — L'action en rescision n'est pas admise contre une vente de droits successifs, faite sans fraude à l'un des cohériters par ses autres cohéritiers ou l'un d'eux. — Pour constituer cette exception, il faut le concours de trois conditions :

a) La cession doit comprendre, non point certains objets, mais toute ou une quote-part de la portion héréditaire.

b) Elle doit être faite aux risques et périls du cessionnaire ;

c) Etre faite sans fraude, c'est-à-dire, que le cessionnaire n'ait pas eu une connaissance exacte des forces de la succession.

2e Exception. Pas d'action en rescision contre la transaction faite sur les difficultés réelles que présentait l'acte de partage.

3e Exception. — Pas d'action en rescision pour lésion de plus du quart contre la licitation, dans laquelle un étranger s'est rendu adjudicataire. En pareil cas, il n'y a pas partage.

4e Exception. — La confirmation tacite ou expresse du partage rend l'action inadmissible.

C. *Prescription.* — Après dix ans écoulés, l'action est prescrite. Les dix ans courent, pour les majeurs, à partir du partage ; pour les mineurs, à partir de la majorité.

D. *Appréciation de la lésion.* — Les objets sont appréciés à leur valeur, à l'époque du partage (890).

E. *Effets de la rescision.* — L'indivision est rétablie.

Chaque cohéritier doit rapporter à la nouvelle masse les objets tombés dans son lot.

Chaque cohéritier doit compte, à partir du jour de la demande en rescision, des fruits et intérêts par lui perçus.

III. ACTION RÉVOCATOIRE.

Les créanciers peuvent intervenir au partage.

Ils peuvent l'attaquer quand il a été consommé, mais seulement quand, antérieurement au partage, ils ont fait signifier à tous les cohéritiers leur opposition à ce qu'il y soit procédé hors de leur présence.

Au nom de son débiteur lésé de plus du quart, le créancier dont on a fraudé les droits peut exercer l'action en nullité ou rescision.

APPENDICE.

DE LA LIQUIDATION PASSIVE D'UNE SUCCESSION.

Pour compléter la matière des partages, je dois dire quelques mots de la division des dettes. — Les dettes se partagent de plein droit entre les héritiers (1220). Chacun d'eux est tenu de contribuer au payement dans la proportion de ce qu'il recueille dans la succession (870). — Si l'un d'eux a payé plus que sa part dans la dette hypothécaire ou indivisible, il peut recourir contre ses cohéritiers pour leur part et portion individuelle seulement. — Si l'un des héritiers se trouve insolvable, la portion à sa charge de la dette héréditaire, se répartit entre celui qui exerce les recours et les autres héritiers solvables.

Contribution aux dettes; — division des dettes. — Ce sont deux expressions qui représentent des idées différentes. — La première, purement conventionnelle, est relative aux rapports des cohéritiers entre eux. — La seconde, purement légale, est relative aux rapports des héritiers avec les créanciers. Les cohéritiers peuvent convenir ensemble dans quelle limite chacun d'eux sera tenu de contribuer aux dettes (art. 872); mais ces conventions qui interviennent entre les cohéritiers, ne peuvent jamais modifier le droit des créanciers.

Sont tenus des dettes les héritiers, les légataires universels et à titre universel (871).

Le légataire particulier ne doit supporter aucune charge. Il succède, en effet, à un objet déterminé, et les charges ne frappent pas spécialement chaque objet, mais l'ensemble d'une succession.

Les créanciers et les légataires du défunt, ont le droit de demander contre les créanciers des héritiers la séparation des patrimoines, afin d'empêcher la fusion des biens de la succession avec les biens propres de l'héritier. — Trente ans pour les immeubles, et trois ans pour les meubles : tel est le délai pour prescrire le droit qu'ont les créanciers et les légataires de demander la séparation des patrimoines (880).

6

POSITIONS.

I. Les donations déguisées sont rapportables.

II. La vente, donation déguisée, sera-t-elle nulle, ou bien sera-t-elle valable, l'excédant devant être rapporté ? — Distinction.

III. L'enfant donataire en avancement d'hoirie, qui renonce à la succession pour s'en tenir à son don, impute ce don sur la réserve, subsidiairement sur la quotité disponible.

IV. Dans le cas de la vente d'un objet déterminé par un cohéritier, le retrait successoral pourra-t-il être exercé contre l'acheteur ? — Oui. (*Contrà*, Cour de Cassation.) — Précision.

V. Le cessionnaire donataire ne peut pas être écarté par le retrait sucsessoral.

VI. Le principe de l'art. 883 s'applique-t-il aux créances ? — Non.

PROCÉDURE CIVILE.

DE L'INTERVENTION COMPARÉE A LA TIERCE OPPOSITION.

Un procès s'agite entre deux parties. — Les tiers peuvent être intéressés à ce procès, peuvent être lésés par le jugement ou l'arrêt qui le termine. — Ils ne doivent pas être dépouillés de toute action pour sauvegarder leurs droits engagés dans le litige, ou pour réclamer contre la sentence qui a été rendue; et bien qu'étrangers, soit aux débats commencés, soit aux débats terminés, ils peuvent, en effet, venir prendre part à l'affaire ou attaquer la décision prononcée. — Cette double voie leur est donnée sous le nom d'intervention et de tierce opposition.

L'intervention est une demande incidente, formée dans le cours d'un procès par un tiers qui y vient prendre part, et qui veut faire statuer, par le même jugement, sur les droits qu'il prétend avoir dans la contestation.	*La tierce opposition est une voie extraordinaire,* ouverte à tous ceux qui veulent faire réformer un jugement qui préjudicie à leurs droits, et lors duquel ni eux ni ceux qui les représentent n'ont été appelés.

Disons quelques mots sur chacune de ces procédures :

DE L'INTERVENTION.

Qui peut intervenir ? — *Règle générale.* Il faut, pour pouvoir intervenir, avoir intérêt et qualité, et en outre il faut que le procès porte sur des intérêts pécuniaires, et que la perte de ce procès soit de nature à compromettre la créance de l'intervenant.

En première instance. — Peuvent intervenir :

1° Ceux qui ont des droits distincts des parties en cause, droits que le jugement pourrait compromettre; s'ils gagnent le procès, ils ne sont tenus d'aucun dépens.

2° Tous ceux dont les droits s'identifient avec ceux d'une des parties en cause, mais qui veulent faire reconnaitre leurs droits. — Ce sont les créanciers de chacune des parties. — Ils doivent toujours supporter le surcroît de frais que leur intervention a occasionné ; jamais ils ne sont tenus au delà.

En appel. — Ne peuvent intervenir que ceux qui ont le droit de former tierce opposition , c'est-à-dire qui n'ont été ni représentés ni même appelés au procès, et qui ont un intérêt direct et réel à le voir rendre dans un certain sens (art. 466, Cod. de proc.).

Des diverses sortes d'intervention. — L'intervention (*venire inter litigantes*) a pour but d'éviter les frais , et de faire juger par un seul jugement une contestation qui en aurait entraîné plusieurs.

Il y a deux espèces d'intervention : l'intervention active et l'intervention passive.

La première est la plus ordinaire ; elle a lieu quand un tiers se présente volontairement dans une instance , afin de veiller à la conservation de ses droits. Cette intervention s'introduit par une requête aux juges, requête signifiée ensuite par l'avoué de l'intervenant aux avoués des parties en cause (art. 339).

L'intervention passive est appelée ordinairement , demande en déclaration de jugement commun. — Le tiers est forcé d'intervenir dans ce cas. — Cette intervention est faite par une assignation du tiers devant le tribunal. — Ce tiers a le temps nécessaire pour préparer sa défense.

Au contraire , dans le cas de l'intervention active , le tiers intervenant ne se voit accorder par la loi aucun délai pour instruire sa cause. Quand l'affaire est en état (340) , il doit venir prêt. — La loi a craint que l'avantage de l'intervention , qui a pour but d'éviter les procès , ne fût anéanti , si au moyen d'un concert frauduleux , un tiers pouvait , en intervenant , prolonger indéfiniment une contestation.

DE LA TIERCE OPPOSITION.

Son caractère. — Elle est principale ou incidente : principale , quand on l'intente par action principale ; dans ce cas, elle doit être portée devant le tribunal qui a rendu le jugement attaqué. — Elle est incidente quand elle est formée incidemment dans une contestation dont un tribunal est saisi.

Jugements susceptibles de tierce opposition. — Tout jugement , soit en premier, soit en dernier ressort ; il suffit qu'il préjudicie au tiers opposant.

Qui peut former la tierce opposition ? — Deux conditions sont requises :

1° N'avoir été ni appelé ni représenté au procès ;

2° Avoir intérêt à détruire la décision en ce qu'elle préjudicie d'une manière directe et réelle. — Ainsi, un dommage moral ne suffirait pas pour permettre de former la tierce opposition. Il a été même jugé qu'il fallait, pour être recevable à former une tierce opposition à un jugement, avoir eu, lors de ce jugement, des qualités et des droits qui eussent obligé à être appelé en cause.

Délai. — Compétence. — Procédure. — Sous l'ordonnance de 1667, aucun délai n'était imparti pour former la tierce opposition. — Cependant des droits consacrés par un jugement ou un arrêt ne peuvent pas rester toujours incertains. — Nous pensons donc que le droit de faire tierce opposition ne pourra dépasser trente années. — Quant à l'exception que le tiers, étranger au procès, pourra opposer au jugement qu'on voudra exécuter contre lui, elle sera perpétuelle.

La tierce opposition principale est portée devant le tribunal qui a rendu le jugement attaqué. — Un exploit l'introduira. — La tierce opposition incidente à une contestation dont un tribunal est saisi, sera recevable devant ce tribunal, s'il est égal ou supérieur à celui qui a rendu le jugement attaqué. — Si le tribunal est inférieur à celui qui a rendu la décision, la tierce opposition sera portée à ce dernier. — Dans le cas de la tierce opposition incidente recevable devant le tribunal saisi, elle s'introduit par une requête aux juges, signifiée d'avoué à avoué.

Pour qu'un tribunal puisse connaître incidemment de la tierce opposition, encore faut-il qu'il soit compétent *ratione materiæ*.

Effets de la tierce opposition.

I. La tierce opposition n'a point d'effet suspensif ; mais les juges peuvent quelquefois faire fléchir la règle.

Il n'y a qu'un cas où le juge n'aura pas le pouvoir d'arrêter l'exécution. C'est quand il y aura eu condamnation à délaisser la possession d'un héritage, et que cette condamnation aura été prononcée par un jugement passé en force de chose jugée.

II. Si la tierce opposition est accueillie , le jugement sera rétracté ; mais il ne le sera que dans l'intérêt du tiers opposant , à moins que la matière ne soit indivisible.

Si la tierce opposition est repoussée , l'opposant sera condamné à une amende de 50 francs, outre tous dommages et intérêts , cela pour arrêter es entreprises désespérées de la chicane.

COMPARAISON DES DEUX MODES DE PROCÉDER.

1º RESSEMBLANCES.

A. *Complètes.* — *a)* Les deux demandes sont dispensées de la conciliation , mais non pour les mêmes motifs. L'intervention, parce qu'elle est incidente , la tierce opposition principale , parce qu'elle requiert célérité. — *b)* Un tiers étranger dans les deux procédures , soit aux débats commencés, soit aux débats terminés , vient prendre part à l'affaire.

B. *Partielle.* — L'intervention, mais seulement l'intervention en cause d'appel , et la tierce opposition , doivent, pour être exercées, être fondées sur les mêmes motifs (art. 466).

2º DIFFÉRENCES.

A. Un simple intérêt peut servir de base à l'intervention.	Un droit lésé seulement , à la tierce opposition.
B. L'intervention est toujours incidente.	La tierce opposition est généralement principale.
C. L'intervention n'a lieu , qu'avant le jugement, avant la fin de la contestation.	La tierce opposition ne peut s'exercer que quand l'instance est close , puisqu'elle est une voie pour faire réformer les jugements rendus.
D. Tout créancier chirographaire peut intervenir dans un procès pendant entre un tiers et son débiteur, afin de surveiller ses propres intérêts.	Le créancier chirographaire ne peut pas faire la tierce opposition contre un jugement rendu entre un tiers et son débiteur, car il a été représenté au procès par son débiteur.
	Le cas de dol est toujours excepté.
	Il y a question pour le créancier hypothécaire. — Je crois, qu'à raison de son droit réel , il peut intervenir comme tiers opposant.

E. L'intervention est toujours formée par une requête signifiée d'avoué à avoué.

F. L'intervention n'est formée que devant le Tribunal où la cause principale est portée.

G. L'intervention, ordinairement volontaire, peut être forcée, dans le cas de l'assignation en déclaration de jugement commun.

H. L'intervention est vue avec faveur par la loi. Car tout en sauvegardant les droits des tiers, elle économise le temps et les frais.

h' Conséquence. L'intervenant supporte les frais de son intervention, rien au-delà ; en revanche, il n'est passible d'aucun des frais exposés vis-à-vis de la partie dont l'intérêt s'identifie avec le sien, et qui vient à succomber.

La tierce opposition principale se forme an moyen d'une assignatiou ordinaire. Ce n'est que pour l'opposition incidente que la forme de la requête est suivie.

La tierce opposition, quand le Tribunal saisi est inférieur à celui qui a rendu le jugement attaqué, ne peut être portée devant ce Tribunal.

La tierce opposition est toujours facultative. Des auteurs la regardent même comme inutile à former en présence de l'art. 1351, édictant le droit d'opposer l'exception de la chose jugée.

La tierce opposition est vue avec défaveur :

1° Parce qu'elle fait renaître de nouveaux procès ;

2° Parce qu'elle attaque le principe de la chose jugée.

Il faut écarter le tiers opposant le plus possible ; aussi, quand il succombe, il est condamné à 50 francs d'amende, sans préjudice des dommages. La tierce oppotion sera arrêtée ainsi, et ne pourra pas dégénérer en licence.

DROIT CRIMINEL.

DES ATTRIBUTIONS DES OFFICIERS DE POLICE JUDICIAIRE

DANS LE CAS DE FLAGRANT DÉLIT ET DANS LES CAS ASSIMILÉS AU FLAGRANT DÉLIT.

La police judiciaire est exercée par les juges d'instruction, les procureurs impériaux, les juges de paix, les officiers de gendarmerie, les maires ou adjoints, les commissaires de police, les gardes forestiers ou champêtres.

Les droits et les attributions de ces fonctionnaires diffèrent. Ils sont employés à une mission commune, mais on conçoit que chacun d'eux y apporte néeessairement le caractère qu'il puise dans ses fonctions principales, l'autorité différente qu'elles lui assignent, enfin la capacité qui lui est propre. — Leur compétence ne peut, par conséquent, pas être la même ; pour les uns, elle s'étend ; pour les autres, suivant leur situation respective, elle se restreint.

Il y avait autrefois un juge enquêteur. Ce juge est aujourd'hui représenté par le juge d'instruction. Ce dernier a la plénitude de la police judiciaire. — Il informe, recherche les preuves, les traces, fait saisir les auteurs des délits ou crimes, seul il peut décerner un mandat de dépôt, se transporter au domicile des citoyens, recevoir les dépositions des témoins, etc.

Si le juge d'instruction pouvait être partout, dit un auteur, ses auxiliaires seraient inutiles. Cependant nous devons remarquer qu'il ne poursuit pas ; la poursuite, c'est-à-dire l'action publique, appartient au procureur impérial.

Celui-ci, en effet, n'est guère qu'une partie poursuivante qui recherche ; s'enquiert des crimes ou délits, et surveille. Il reçoit toutes les dénonciations et toutes les plaintes : c'est là le complément de son droit de recherches. — C'est lui qui provoque toutes les investigations de la police judiciaire ; il les dirige, les recueille et en apprécie les résultats. — Une fois le délit ou le crime découvert, il transmet les pièces au juge d'instruction avec ses réquisitions. — Ce n'est donc que par ses réquisitions que le ministère public participe à la police judiciaire.

Les officiers de police auxiliaires, je veux parler des juges de paix, des officiers de gendarmerie, des maires, des adjoints et des commissaires de police, ne font que recevoir les dénonciations des crimes, les transmettent au procureur impérial, et lui donnent connaissance de tous les crimes et délits qu'ils découvrent.

« Ce sont, selon l'expression de M. Faustin-Hélie, des sentinelles avancées » de la justice, avec l'unique mission de recueillir les rumeurs, les infor- » mations, les plaintes, qui signalent aux tribunaux les délits ou les crimes, » et de les leur faire immédiatement passer. »

Voilà en quelques mots, et dans les cas ordinaires, les droits et les attributions des divers officiers de la police judiciaire.

Mais, que les circonstances ordinaires disparaissent, que le cas devienne un flagrant délit, et les attributions vont changer. — Le procureur impérial fera les fonctions de juge d'instruction ; il informera, recueillera les preuves, s'introduira chez les citoyens ; le juge d'instruction, non-seulement informera, mais pourra poursuivre ; le juge de paix, les maires, les commissaires de police pourront jouer le rôle de procureur impérial.

« Peu importe, disait M. Berlier au Conseil d'Etat, peu importe par » qui le fait sera constaté. — En quelle circonstance importe-t-il plus que » nulle entrave n'existe, si ce n'est au moment d'un délit patent, disait » M. Treilhard ; le retard de quelques heures peut préjudicier à la sécurité » publique. »

Ainsi donc, dans le cas de flagrant délit, toutes les attributions varient, presque tous les pouvoirs se confondent.

Mais, quand y a-t-il flagrant délit ? Qu'est-ce qui constitue le flagrant délit ? C'est ce que je veux chercher à préciser maintenant.

A Rome, c'était quand on surprenait le coupable au moment de l'exécution du crime. On l'arrêtait alors, et on le jugeait immédiatement (1).

---

(1) Loi 1, Code *de Rapt. virg.*

Quant à la législation criminelle au moyen âge, Philippe de Beaumanoir s'exprime ainsi :

« *Cascuns peut porsivir tos cix qui s'enfuient par quelquc cas que ce soit,* » *quand cris est apres eux. Cascuns est sergans, et a povir de prendre et ar-* » *rester les malfecteurs* (1).»

Chacun donc devient sergent au moyen âge dans le cas de flagrant délit. — Jousse, Serpillon, Rousseaud de la Combe, qui écrivirent plus tard sous l'empire de l'ordonnance de 1670, s'accordent à dire qu'il n'y a flagrant délit que dans le cas où le coupable est surpris dans l'exécution du crime, ou dans les actes qui le suivent immédiatement.

Notre Droit actuel n'a pas défini de même le flagrant délit.

Il résulte des art 44 et 46 du Code d'instruction criminelle qu'il y a flagrant délit :

1º Quand le crime se commet ;

2º Quand il vient de se commettre ;

3º Quand le coupable est poursuivi par la clameur publique ;

4º Quand il est trouvé saisi d'effets, d'armes, instruments, et dans un temps voisin du délit ;

5º Lorsqu'un chef de maison requiert la police de venir constater un crime ou un délit commis chez lui.

Mais ce n'est pas tout : pour que les attributions des officiers de police judiciaire sortent de leur cercle ordinaire, il faut encore d'autres conditions.

Il faut que le fait produit puisse entraîner une peine afflictive et infamante. (Voir les art. 30, 40 et 106 du Code d'instruction.) Cette dernière règle reçoit une exception dans le cas où le chef de maison a fait la réquisition, et a prié la police judiciaire de se transporter chez lui. La Commission de législation du Corps législatif voulait restreindre cette disposition au cas de crime; mais on n'adopta pas cet amendement, parce que, a-t-on dit, « Le » chef de la maison peut avoir intérêt à faire constater, à l'instant, un délit » même purement correctionnel. » Je ne comprends guère cet argument; car l'officier de police auxiliaire pourrait se contenter de dresser procès-verbal : cela suffirait, ce me semble, dans le cas du simple délit; et il n'est pas

____

(1) Philippe de Beaumanoir XXXI, nº 14.

nécessaire de donner, pour un cas si minime, des attributions exception-
nelles et si importantes aux officiers auxiliaires.

Un officier de la police judiciaire apprend qu'un crime vient de se commettre. Il doit immédiatement se transporter sur les lieux ; il constate le
corps du délit, l'état du cadavre, les traces d'escalade; il décrit l'état des
lieux, reçoit les déclarations des personnes présentes, rédige le procès-
verbal de toutes ses opérations, puis l'adresse au procureur impérial qui le
transmet au juge d'instruction.

Si c'est le procureur impérial qui est averti, il se transporte sur les lieux,
peut faire arrêter le prévenu, ou lancer contre lui un mandat d'amener
(art. 40).

Les gardes champêtres et forestiers peuvent arrêter (art. 16, Code d'inst.) ;
mais il faudra qu'immédiatement ils conduisent le prévenu devant le juge
de paix ou le maire, toutes les fois que la peine résultant du délit peut être
celle de l'emprisonnement.

Tout agent de la force publique peut aussi arrêter; mais il faut que le
fait entraîne une peine afflictive et infamante (art. 106).

Le maire, si le fait n'entraîne qu'une peine correctionnelle, interroge le
prévenu, et le met en liberté; si le fait entraîne une peine plus grave, il
peut le détenir.

Le procureur impérial peut faire une visite domiciliaire immédiatement ;
mais il faut que trois conditions soient remplies :

1º Qu'il y ait des indices pouvant faire vraisemblablement présumer qu'on
pourra trouver la trace du crime ;

2º Que ce soit le jour;

3º Que ce soit seulement dans le domicile des prévenus ; tout cela dépend
du principe que le domicile de tout citoyen est inviolable (36).

Toute arme ou toute autre chose qui paraîtra avoir servi à commettre le
crime ou délit, pourra être saisie.

Quand le procureur impérial, remplissant les fonctions de juge d'instruction, instruit une affaire, il doit le faire à charge et à décharge ; je veux
dire, que si dans les recherches il trouve des papiers ou des témoignages
en faveur de l'accusé, il doit les prendre ou les recueillir, car ici il fait
l'office non d'une partie poursuivante, mais d'un juge.

La police judiciaire est exercée dans les armées par la gendarmerie. — Le chef de la gendarmerie d'une armée prend le titre de grand prévôt. Ses attributions sont d'informer et d'instruire tous les crimes et délits commis dans l'arrondissement de l'armée. — Il joue le rôle d'un juge d'instruction. Celui de procureur impérial est rempli plus spécialement par le commissaire impérial près les conseils de guerre.

Dans les cas de flagrant délit, la compétence du grand prévôt s'agrandit quand ce délit emporte peine afflictive ou infamante ; il se transporte immédiatement sur les lieux, y opère la saisie des pièces de conviction, et y dresse procès-verbal de toutes les dépositions et renseignements qu'il peut recueillir ; il fait procéder à la recherche et à l'arrestation des prévenus, et dans ce dernier cas, il les fait conduire devant le général de la division à laquelle ils appartiennent.

Telles sont les attributions des divers officiers de la police judiciaire, leur extension dans le cas de flagrant délit.

Vu par le Président de la Thèse.

CHAUVEAU ADOLPHE.

www.ingramcontent.com/pod-product-compliance
Ingram Content Group UK Ltd.
Pitfield, Milton Keynes, MK11 3LW, UK
UKHW022209070726
13613UKWH00004B/1560